ABOUT VIC VISON DESIGNS

VIC VISON DESIGNS IS A VISIONARY PUBLISHER DEDICATED TO HELPING PEOPLE OF ALL AGES OVERCOME STRESS AND ANXIETY THROUGH THE MEDIUM OF COLORING BOOKS, SEARCH WORD PUZZLES AND GAMES.

WITH STRESS ON THE RISE IN OUR MODERN SOCIETY, VIC VISON DESIGNS HAS TAKEN UP THE CHALLENGE OF PROVIDING QUALITY STRESS RELIEF SOLUTIONS IN THE FORM OF INNOVATIVE AND CREATIVE DESIGNS.

THEIR COLORING BOOKS FEATURE INTRICATE DESIGNS AND PATTERNS THAT ARE NOT ONLY FUN TO COLOR, BUT ALSO HAVE A CALMING EFFECT ON THE MIND. THE SEARCH WORD PUZZLES AND GAMES ARE ALSO DESIGNED TO BE CHALLENGING YET ENGAGING, ALLOWING INDIVIDUALS TO TAKE THEIR MINDS OFF THEIR WORRIES WHILE WORKING TOWARDS A GOAL.

VIC VISON DESIGNS' APPROACH TO STRESS AND ANXIETY MANAGEMENT IS BOTH EFFECTIVE AND REFRESHING, PARTICULARLY IN THE FACE OF TODAY'S FAST-PACED SOCIETY. THEIR PRODUCTS OFFER A UNIQUE AND ACCESSIBLE WAY FOR INDIVIDUALS TO RELAX AND WORK TOWARDS MAINTAINING A HEALTHIER MIND AND GREATER EMOTIONAL WELL-BEING.

WITH VIC VISON DESIGNS, ANYONE CAN ACHIEVE A SENSE OF CALM AND BALANCE IN THEIR LIVES, NO MATTER THEIR AGE OR BACKGROUND.

TABLE OF CONTENTS

RULES

HIGHLIGHT OR MARK THE WORDS PLACED FORWARD, BACKWARDS, ACROSS, DOWN AND DIAGONALLY.

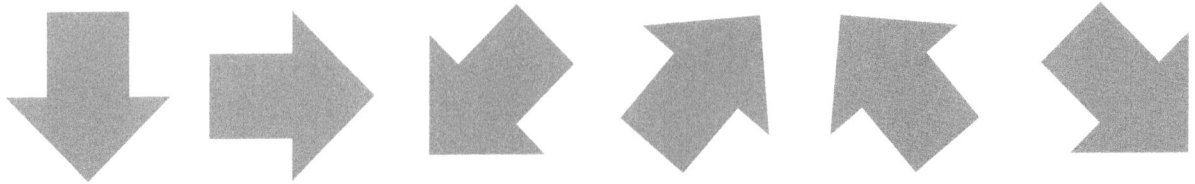

ANY WORDS CONTAINING SPACES WILL BE COMPRESSED INTO ONE WORD. FOR EXAMPLE, **ESSESNTIAL OILS** WILL BECOME **ESSENTIALOILS.**

COMPLETE THE BIBLE QUOTE. "I CAN DO ALL THINGS THROUGH ___CHRIST___ WHO STRENGTHENS ME." (NIV)

```
D S T M I G L O S T N H M
I T L O A A I S M E R O L
A R N A M T E M I T O E
T A A R C N E A I C E O
E I O E R V R O R L S Y
S N F E M O V N D S Y D A
B N D A T C M R E D T N R
I N E S M R A U E R A O X
E T R A U M A R T C V E N
```

WORD SEARCH

1. 1 CORINTHIANS 13:4-5

LOVE IS _____, LOVE IS KIND. IT DOES NOT ENVY, IT DOES NOT BOAST,
IT IS NOT PROUD. IT DOES NOT DISHONOR OTHERS, IT IS NOT SELF-SEEKING,
IT IS NOT EASILY ANGERED, IT KEEPS NO RECORD OF WRONGS.

```
S  G  K  O  O  H  U  F  P  S  F  A  D  R  O  L  P  M  A  Y
Z  L  I  P  G  A  G  D  H  W  Z  U  V  S  C  D  V  Q  Y  H
H  R  N  C  N  X  F  D  L  G  U  F  H  B  A  Q  W  Y  H  T
K  U  I  V  C  X  B  K  J  L  N  B  D  S  L  S  K  R  W  R
G  K  K  O  J  T  N  G  E  D  S  A  V  K  L  S  W  D  V  Y
E  N  O  R  H  E  E  C  J  S  T  S  E  N  I  S  U  K  S  D
S  X  I  B  V  S  C  M  A  D  E  H  I  Y  S  A  S  S  J  K
L  Q  W  E  F  Q  E  V  N  Q  W  W  A  H  S  L  J  H  E  B
L  D  I  A  W  H  I  L  F  F  W  A  D  T  F  I  V  W  C  J
A  K  E  N  N  O  C  D  B  Y  P  G  Q  O  H  A  N  U  B  E
H  N  V  B  R  W  K  E  H  I  G  G  Q  Z  X  P  Y  R  U  I
S  F  O  Z  H  C  F  R  X  K  B  O  T  P  E  Q  R  X  Y  T
K  I  L  Z  X  D  P  I  J  C  E  D  T  O  I  O  W  Z  M  J
M  A  W  J  B  D  I  M  H  A  S  A  P  T  B  J  Y  V  M  Z
B  J  O  K  Q  U  J  K  V  F  Y  L  V  G  H  W  P  R  I  V
V  F  S  O  N  A  H  X  B  Q  E  Q  D  W  F  E  G  F  Y  N
Z  K  Q  T  K  T  P  T  R  Y  I  O  S  W  V  I  M  L  Z  R
O  F  O  D  G  T  N  M  L  Z  J  J  P  Z  W  K  M  H  U  K
S  M  X  N  D  V  M  N  E  V  A  E  H  O  A  J  H  B  Y  V
Y  J  X  E  A  Z  H  V  L  O  X  F  L  D  L  W  O  Z  Z  W
```

Word Bank

1. people	5. made	9. unto	13. even
2. shall	6. one	10. hath	14. heaven
3. bible	7. lord	11. jesus	15. love
4. god	8. may	12. savior	

2. 1 THESSALONIANS 5:16-18

REJOICE ALWAYS, _____ CONTINUALLY, GIVE THANKS IN ALL CIRCUMSTANCES; FOR THIS IS GOD'S WILL FOR YOU IN CHRIST JESUS

```
W Y H T U N O P U L C W Z N V D B J L U
I P B O W G N D J N G I T U Q Y M E N Q
A A C U V U Z I E Q M V A V V Q R K L G
Q R A Z L T P U T B S G C D R A Z Y K C
A D S H N L B T R T A G W I O S Z Z A I
V E W T O Q B R H I P X C X B W W P C V
L M H O B C R T N O X O R R G K N Q D V
N I K D X B I S B O U C I Z O C I D E O
R T F U N A T Q Y X D R M Y W N Y L M X
N O D T S E S R S N O S E V O T F O J E
P M N U P R V Z O N Z L I O W D V T C B
X C E S G T X I A V J G C E M R J A Y I
R F O C Y Z M M G C S Y X L I Y L L A F
F S K F P D N X H B O Y H A Y P S A W N
O K W Y C N N E I A X H L G T P P Y A K
F Y E K W C P A V F E F V M P M Y J J P
V Z W R F O S G L A W N X S L L O X C Y
R U A O F L C J L S G W L N R P V I H T
A E T O I H W N E J O W N B S Z Y W F P
T B W O L E I H F N G A Y S E T H Y B C
```

Word Bank

1. men	5. down	9. time	13. man
2. given	6. place	10. gave	14. doth
3. against	7. land	11. upon	15. away
4. sons	8. told	12. saith	

3. PHILIPPIANS 4:6-7

DO NOT BE ANXIOUS ABOUT ANYTHING, BUT IN EVERY SITUATION, BY PRAYER AND PETITION, WITH
_____, PRESENT YOUR REQUESTS TO GOD. AND THE PEACE OF GOD, WHICH TRANSCENDS
ALL UNDERSTANDING, WILL GUARD YOUR HEARTS AND YOUR MINDS IN CHRIST JESUS.

```
N G D S Y P E I F I H Z L A M G G Q L I
G G Q M T T S G I S V S H L M W L C G B
Q U Y X N P K N M G D N X A P O P U B R
U H A A I W C W S N X X J I H Z N U T A
S E M Q P L H O O I D F V K X X S G Q M
T H N M U Z I U N V F C U O O P G Y C B
C D Z O W P L I S A X Z K O O T C O D C
Y O Z A A S D N B H W W N Y B J S I I A
R W C W K O R G S O H P E I P H Q Z F D
I B Z B A I E P O K E O V I A U Q D R A
R H J T A M N I L T Q S E I F E G D K H
Z O D P Q C Z G A X P E R S O L D A Y A
D U Q Q N H K E G O J J Y A D E G N N L
D S C F M R R S B P I F I Y V P A P F I
D E F M W G G L M Q A T C I Q S E T G H
T S G N I H T J Z I O M B N H Q Q C Y T
J X U W G T U H N F R Z U G M D L N K X
B K D W E B B W E T C R A X W V Q Y F N
H H S I X I S R Z U P U U N S Y R A U M
F E T K W Q L L Z O S G G X O D A H Q C
```

Word Bank

1. back
2. having
3. every
4. king
5. great
6. set
7. own
8. son
9. things
10. saying
11. among
12. took
13. house
14. day
15. children

4. NUMBERS 6:24-26

THE LORD BLESS YOU AND KEEP YOU; THE LORD MAKE HIS FACE _____ ON YOU
AND BE GRACIOUS TO YOU; THE LORD TURN HIS FACE TOWARD YOU AND GIVE YOU PEACE.

```
F  C  A  X  C  R  C  R  D  D  J  H  J  G  Y  C  C  J  K  X
P  K  Z  N  E  K  A  T  H  D  X  Z  B  H  N  A  N  M  I  U
U  W  L  Y  E  F  Q  A  S  D  T  Y  C  H  P  G  U  X  X  F
K  E  E  P  O  L  J  O  C  Y  K  M  Q  F  Y  A  I  D  R  U
Y  C  R  R  H  K  O  O  L  K  B  T  Z  L  Q  I  T  I  W  I
E  P  T  B  V  T  L  R  I  Y  R  J  O  Q  K  N  W  A  X  F
U  H  H  E  U  X  W  K  D  B  O  Q  N  S  F  V  D  O  L  X
U  H  R  R  B  B  B  G  Y  Z  U  R  V  R  H  R  V  D  R  W
Z  H  V  I  E  T  L  C  O  W  G  A  M  S  A  R  I  K  P  D
S  W  M  G  J  B  H  A  P  O  H  U  R  N  I  G  T  L  U  N
P  O  O  H  W  E  D  V  D  B  T  M  V  Z  W  U  O  G  K  F
C  M  A  T  Q  O  B  I  O  N  D  P  T  D  D  P  K  I  S  B
Z  Q  Q  G  O  S  F  D  N  Y  L  S  D  R  Y  S  N  P  N  J
F  C  F  G  M  Q  X  Y  E  C  U  H  T  W  E  D  J  I  C  G
A  V  N  U  U  J  B  H  J  I  A  H  M  K  B  G  Z  I  P  N
I  H  X  M  V  R  V  K  S  N  L  G  K  V  L  V  Z  U  T  U
W  J  S  W  I  T  Q  H  D  D  U  R  G  J  O  T  J  J  Y  H
R  L  P  N  E  I  I  X  J  R  R  V  Y  B  X  E  N  L  W  L
K  V  G  I  E  Y  S  L  Z  K  P  V  S  D  Y  U  S  R  P  D
K  L  U  O  T  G  J  O  X  W  R  R  D  U  J  O  J  U  V  G
```

Word Bank

1. bring	5. done	9. taken	13. going
2. right	6. us	10. forth	14. lord
3. hand	7. again	11. look	15. word
4. brought	8. good	12. keep	

5. JEREMIAH 17:7

BUT BLESSED IS THE ONE WHO TRUSTS IN THE LORD, WHOSE _____ IS IN HIM.
THEY WILL BE LIKE A TREE PLANTED BY THE WATER THAT SENDS OUT ITS ROOTS BY THE STREAM.

```
V  D  Y  Q  W  L  Q  I  U  J  T  O  W  L  C  U  U  D  O  U
F  E  O  F  H  X  W  E  N  Q  B  W  W  T  B  T  Q  G  M  R
W  S  H  V  T  Q  J  A  H  K  X  T  W  Y  K  F  V  K  O  J
X  A  X  J  Y  Q  J  V  J  N  P  I  W  A  F  L  Z  I  H  V
B  Y  J  E  F  P  C  P  R  W  E  I  A  D  U  F  E  O  W  A
P  S  C  E  T  H  T  H  P  A  T  G  O  C  L  Z  K  Z  G  R
Z  L  G  J  X  H  Z  Y  R  H  G  L  T  M  U  N  U  H  A  C
H  M  V  W  U  G  R  T  O  P  S  H  X  R  O  M  Z  J  I  C
Z  G  D  S  Y  E  H  U  H  P  P  P  T  W  L  L  O  O  O  E
T  I  F  G  A  V  T  U  I  Z  U  E  M  R  F  R  S  B  F  P
T  F  Y  H  J  X  G  B  W  U  S  R  F  Z  E  T  T  Y  F  I
W  S  W  F  I  B  N  U  O  K  O  S  H  L  F  P  N  J  Z  N
Y  I  P  C  X  S  I  L  T  N  Q  O  O  T  V  L  I  E  K  B
C  E  J  Y  N  O  I  P  E  E  J  N  D  Y  Z  I  E  N  S  Y
A  L  C  Y  S  F  P  Q  N  Y  Y  G  O  Y  L  I  V  I  N  G
U  X  S  T  E  F  P  Y  S  V  G  A  K  D  I  I  D  I  H  G
S  G  N  O  L  A  F  B  K  V  V  J  Q  N  V  L  Y  Q  Y  F
E  E  R  N  I  O  H  E  X  F  Y  E  R  U  M  O  B  W  I  V
J  L  I  V  E  Q  I  W  T  O  Y  D  V  A  U  I  S  K  L  V
C  S  P  Z  S  D  J  M  W  D  J  D  D  L  O  H  E  B  H  L
```

Word Bank

1. live	5. behold	9. whom	13. life
2. person	6. know	10. says	14. without
3. thus	7. living	11. yet	15. along
4. earth	8. cause	12. sent	

6. <u>1 CORINTHIANS 16:14</u>

DO EVERYTHING IN _____.

```
Y  T  L  D  A  H  G  S  K  T  M  C  X  T  I  E  F  E  G  Z
G  Z  G  H  O  S  Z  M  R  R  K  J  G  U  A  R  V  P  Y  E
B  R  N  K  Z  S  F  R  R  A  Y  X  R  R  J  B  I  N  S  I
F  H  E  N  I  C  T  G  E  E  E  O  U  N  M  E  L  S  A  C
D  U  Q  B  P  Z  Q  H  W  H  N  G  M  E  K  D  A  L  T  M
R  V  L  F  I  T  W  T  R  J  S  V  O  D  Z  R  A  T  L  Z
G  W  H  O  Q  F  P  F  P  T  J  Q  C  V  K  G  Q  Z  A  V
W  V  V  J  U  E  A  W  N  K  A  U  G  X  B  S  Z  O  H  D
P  T  W  T  N  L  X  A  H  Q  V  F  O  K  G  L  J  Q  S  Y
G  N  I  M  O  C  D  N  U  Q  V  P  N  E  Q  G  H  I  U  X
O  R  D  E  R  N  G  N  O  J  J  A  D  T  M  P  I  Z  F  L
B  F  W  J  E  F  S  C  Q  A  Y  S  C  X  H  W  L  K  U  T
E  M  B  C  C  B  P  V  H  C  L  M  Z  C  N  D  P  H  N  I
N  T  S  V  M  Z  W  P  Z  X  H  A  P  R  O  I  D  I  K  B
I  E  C  P  H  Z  G  G  S  H  N  D  U  E  W  R  N  U  N  T
D  L  G  Y  P  M  Z  X  G  Y  K  T  D  N  O  Q  D  Q  I  O
U  L  M  H  D  B  O  U  Q  J  M  F  B  R  O  T  I  Y  X
N  A  E  S  K  Q  N  A  L  C  V  X  L  M  D  D  A  W  N  W
G  Z  G  B  C  E  D  F  Q  M  N  V  H  T  S  T  V  J  O  G
H  I  N  D  E  E  D  Q  U  F  J  K  J  S  X  H  B  N  T  O
```

Word Bank

1. turn	5. left	9. shalt	13. indeed
2. dost	6. descendants	10. order	14. heart
3. tell	7. according	11. turned	15. gone
4. coming	8. nor	12. words	

7. DEUTERONOMY 6:6-7

THESE COMMANDMENTS THAT I GIVE YOU TODAY ARE TO BE ON YOUR _____. IMPRESS THEM ON YOUR CHILDREN. TALK ABOUT THEM WHEN YOU SIT AT HOME AND WHEN YOU WALK ALONG THE ROAD, WHEN YOU LIE DOWN AND WHEN YOU GET UP.

```
K  L  I  J  F  X  U  M  Q  U  R  S  N  Y  S  R  Z  J  P  B
O  J  P  M  N  T  E  Z  D  Y  P  M  K  S  D  E  E  V  C  B
G  Z  B  A  Q  Z  S  N  H  O  L  Y  Y  V  F  O  X  L  E  C
Y  G  Q  T  S  M  P  R  L  O  Z  S  G  M  H  X  V  H  U  I
D  K  R  W  D  S  E  W  D  U  A  C  F  A  P  C  R  N  B  K
O  G  E  B  E  L  W  K  R  O  W  Y  C  A  K  P  T  U  Q  Z
O  F  H  Y  I  D  R  C  Q  G  O  E  T  T  L  P  S  O  B  Q
F  A  T  S  L  E  I  Q  C  O  I  K  A  H  X  V  W  E  B  R
X  I  E  R  P  O  L  E  V  O  G  N  E  E  E  T  J  L  Q  P
C  F  G  R  E  L  F  W  D  Y  A  L  L  R  P  T  A  G  U  Z
J  Z  O  L  R  S  L  V  R  M  Q  U  J  E  Q  R  T  Q  W  X
M  Z  T  I  A  H  R  R  E  Z  R  E  K  E  J  R  D  N  Z  J
Z  J  H  W  R  I  E  G  L  B  N  Z  H  P  D  T  G  N  E  N
L  B  N  R  X  K  W  X  M  O  Q  S  C  A  B  R  Y  K  L  T
F  H  K  U  Y  B  O  X  L  A  T  R  K  K  Y  G  J  F  C  W
S  P  P  Z  S  J  P  U  Z  L  N  H  O  R  A  R  U  L  P  J
G  E  E  Z  R  X  V  D  X  N  U  D  I  A  M  U  B  Q  S  T
I  X  E  X  R  N  M  C  C  B  P  F  J  N  W  G  D  G  N  M
S  E  V  L  E  S  M  E  H  T  G  X  F  W  G  T  Y  S  P  H
A  T  I  A  A  J  L  J  K  C  B  A  Q  M  R  H  N  A  C  Y
```

Word Bank

1. name	5. work	9. replied	13. themselves
2. father	6. lo	10. food	14. together
3. thing	7. holy	11. power	15. pass
4. full	8. city	12. kept	

8. <u>ISAIAH 40:31</u>

**BUT THOSE WHO HOPE IN THE LORDWILL RENEW THEIR STRENGTH.
THEY WILL SOAR ON WINGS LIKE EAGLES;THEY WILL RUN AND NOT GROW _____,
THEY WILL WALK AND NOT BE FAINT.**

```
U M H N I T P C A L L E D M U M P K E T
I I A K N E G L Q S N P Z D A A E C P H
I Y B S D T N W K J N H C Y U F G H Y C
E B P R E S E N C E N K A W P B N Y H Y
E T X M H G U E J I U P X P J P V V W W
W N E C R A V L Q N E D S Y A D Z G N F
D C O Z Y F N M G D A M B P C R E M F O
L I B Y O P J D N A O I Q G T Y W J V K
L E M P R I S E S D W L L J Y A F U N B
M M I U E E S D K T T S I P W O I O K N
Z P X T H H V G V F P Z E U E S W C T K
X A S K E D R E N F C W M L N Y O O C
V Y J S T F E P S I U U X A O E M M R K
Q K B Z S R G A R O H A G B H C D E X R
Y H V Y F H U O S S S T T K W T Z T T Y
K N O G L I X O M E B F Y Q L O Y H V H
O E D B S P R G D K E X D R O X N X Y E
G E N V X E T I H W R D P V E E D X O S
K V E H I K N Z K J D U I X A V S L Q U
L G L S E C A F W T B F Q R U S E O A I
```

Word Bank

1. days
2. two
3. hands
4. everything
5. known
6. send
7. asked
8. near
9. whole
10. end
11. presence
12. comes
13. everyone
14. called
15. cometh

9. MARK 11:24

THEREFORE I TELL YOU, WHATEVER YOU ASK FOR IN _____, BELIEVE THAT YOU HAVE RECEIVED IT, AND IT WILL BE YOURS.

```
B I B V F M T M H P H N B H W B Y W N S
B A H Y Q A M K O Q O D J D V C L X D M
O E O S R X H T H V W S Z O X I F F W B
F X C S O Y I O F S K L R Y A D K F H D
C W A T H I N E E Q F R V P H O V P T V
H T Z E K K J W A W I C E W E D C S Z T
M E O K G V Q V R I E X M S N N O T U L
R I N Q U O M N S Z U S A L T Q V Y H E
Z K T O V U O A J A H C O Y D D A I M R
T U R P Y Y H G S A Q V V H C H S U H R
S A B N T N G G L K C U X G W G S J G M
B M A E X I A O N L C K T J J L O A I K
O P D E D T F L S I D S M M F Y Q X H Q
X T V S R M R P Z M H Y L L A S I M J D
Q M E K S X E I U S Y T B R P V Y Y J Y
E H Y E N A N U D D X N O O H X I X H P
F W Y D K V Q E Y P O U K N F K N H W A
N E W U G A X O D B N E S N I S E M D V
H G F S P O O N W D O H G I N F O K C N
P R E V E V C N V R O U L V S E N O J X
```

Word Bank

1. high	5. rest	9. fear	13. ones
2. eyes	6. sin	10. seen	14. whose
3. ever	7. thine	11. nothing	15. speak
4. spoke	8. anyone	12. around	

10. <u>ISAIAH 41:10</u>

**SO DO NOT _____, FOR I AM WITH YOU; DO NOT BE DISMAYED, FOR I AM YOUR GOD.
I WILL STRENGTHEN YOU AND HELP YOU; I WILL UPHOLD YOU WITH MY RIGHTEOUS RIGHT HAND.**

```
G J A M M M V A X M H Q Y L R G J B E A
T M H G B D R U O V J H A U M Q I I L Q
S S U H A H Z G O S T V F D A P Z F B S
R E J P E I I M U L Z O H G O J B Q A G
I Y S D H A U P V N M U W F N I I U B Q
F K T O L V R C Z Y F T M N T Q N T I Y
M D F J U V H D W V P E A V A X D G A E
P K F F O X M L T B F N K L L K H P I N
F E G D E L W O N K M C I X E V U C G C
H M K Q G Z Q M W W I M N S X F U F G
S G F S Y H E X C L A A G C A Y J I I G
E D U T A D U U Q U F S T H W M K M E
I W G O R M S Z P D J G Z I F Z W M R S
C S N C H Z I T Q U E Q N N E I T H E R
I U I A K T O X R Q A P C Z I Q L A C N
J N R G B H R U N O J L V N P W W T N J
H T E T C N Y A N G N T F U G X N X S
Q I F O G P C W O J E G A R N L O E C E
N L F E E X B U F W V V O O O J R H S Y
M J O S B A W Z O O X G E C L N Q J L G
```

Word Bank

1. knowledge	5. long	9. neither	13. able
2. strong	6. first	10. town	14. offering
3. doing	7. though	11. yes	15. concerning
4. making	8. heard	12. until	

11. EPHESIANS 3:16-17

I PRAY THAT OUT OF HIS GLORIOUS RICHES HE MAY _____ YOU WITH POWER THROUGH
HIS SPIRIT IN YOUR INNER BEING, SO THAT CHRIST MAY DWELL IN YOUR HEARTS THROUGH FAITH.
AND I PRAY THAT YOU, BEING ROOTED AND ESTABLISHED IN LOVE.

```
T  D  E  R  E  W  S  N  A  S  B  K  Q  L  P  D  W  G  K  J
M  W  Z  J  S  X  F  O  B  O  W  E  S  E  R  V  A  N  T  S
S  L  W  D  X  M  A  S  N  O  I  T  A  N  J  X  N  G  V  T
W  O  F  Z  L  K  C  R  G  N  P  B  G  M  T  G  G  O  W  N
T  V  M  J  M  V  E  A  B  O  E  S  D  T  J  N  V  I  A  A
A  E  I  T  K  R  B  E  V  I  D  K  H  A  I  T  E  M  K  Q
F  X  J  N  U  C  J  H  T  T  I  Y  I  V  B  S  T  L  N  D
F  O  Z  F  O  K  Y  H  L  C  S  U  I  O  B  T  E  C  J  M
L  V  E  W  J  C  C  M  N  U  L  G  C  O  R  W  L  W  Y  Y
M  Q  C  R  M  Q  Q  Q  M  R  P  Q  C  A  J  U  B  R  U  R
V  B  A  F  E  V  M  S  A  T  U  J  P  O  G  V  O  U  E  T
R  J  O  E  Q  H  Q  I  H  S  P  S  J  V  H  N  M  F  Y  Q
C  O  P  Q  A  L  T  U  U  E  P  I  Q  A  Z  S  U  I  A  Y
V  T  X  W  L  G  O  B  E  D  W  D  F  R  U  Z  I  O  E  V
M  U  Z  P  F  Y  D  Z  P  Y  Y  E  D  R  A  W  O  T  Y  F
P  A  Q  S  N  Y  I  Q  N  J  Q  H  A  P  P  E  N  E  D  K
Y  K  R  R  T  N  A  V  R  E  S  K  M  K  Y  I  S  T  G  H
Z  F  I  Y  G  H  O  A  Y  B  V  H  B  W  A  V  W  E  T  D
O  H  U  V  E  D  R  E  N  I  D  C  V  D  C  T  Z  S  F  H
B  J  C  I  T  T  D  C  B  N  J  M  Y  X  X  V  B  V  M  C
```

Word Bank

1. answered	5. part	9. hear	13. servants
2. side	6. love	10. face	14. young
3. destruction	7. nations	11. giving	15. happened
4. servant	8. toward	12. thereof	

12. <u>PROVERBS 16:3</u>

**COMMIT TO THE _____ WHATEVER YOU DO,
AND HE WILL ESTABLISH YOUR PLANS.**

```
N N C W N J E A T Y N S Y B S V Z K H X
K W A I C T D L U P Y U U Q H Q H L N O
U O L U U Q F V Y M G S V S S V J Y S
M R S X Q K Z O D R S C C G Y S L K N S
T D H Y Q P S W N E Y L L R Y O U F K
R E A F I K P B W P P F I I C A R M Y L
A R K A R G N O T S K M I J X X J W L K
W S P S C J I R O R A I S A D K T F X G
Z O G S W R F M F Z B R E E P X W V E
C Z A R R U H H S A P U V H E L P A J I
I L F E U Y L J X T O C Y M M Y Y T L Y
P I R L Y V F G C I G O N N S P I E F T
K M U Y B L I U M T U X M K E D S R O W
X X V C B F F X L K W C E V P J B K U P
B X P D D C V J S I M Y S J N J P K N W
W Y V B N O Q N Z A A X S S E N G R D C
A Y C R K H T I A F M V A V K Y E N I M
Z B R A F C E R T A I N G A O M E N W N
R H T K S P R K S H U Z E F P P W Q M I
J P K K U F E K K E B L G X S O Y Q H R
```

Word Bank

1. family	5. spoken	9. help	13. certain
2. orders	6. message	10. water	14. found
3. surely	7. army	11. far	15. mine
4. art	8. faith	12. eat	

13. <u>JEREMIAH 29:11</u>

FOR I KNOW THE PLANS I HAVE FOR YOU, DECLARES THE LORD, PLANS TO _____ YOU AND
NOT TO HARM YOU, PLANS TO GIVE YOU HOPE AND A FUTURE.

```
A  B  O  F  G  F  A  Q  U  M  N  T  H  H  C  G  R  U  H  X
P  P  Q  V  V  Q  J  W  F  P  W  Y  L  N  I  A  T  R  E  C
T  T  J  J  R  H  R  M  Y  V  V  R  Q  E  O  G  M  C  E  L
T  J  Y  D  P  J  W  Y  L  B  Y  R  E  T  U  R  N  G  O  E
T  H  K  S  K  I  K  J  N  P  L  G  P  E  V  C  D  H  V  R
O  E  O  F  E  G  K  I  S  W  I  M  C  P  H  N  E  N  Y  S
J  A  V  N  N  U  W  O  A  T  K  A  O  S  Z  L  Y  S  J
T  D  I  S  I  F  A  O  Q  L  D  Z  T  T  F  Q  W  P  I  S
A  G  N  I  H  T  Y  N  A  O  P  V  V  M  Q  W  I  I  B  E
S  N  J  U  D  L  S  E  E  A  V  G  P  S  Q  R  I  V  X  T
M  A  N  G  L  F  U  I  R  D  N  I  M  H  I  U  U  R  E  N
Z  G  M  A  H  L  I  S  T  E  N  R  U  T  O  B  F  U  Q  E
Y  E  H  M  K  E  S  R  I  N  M  T  I  L  L  V  E  O  I  S
V  B  C  C  R  P  A  G  L  Z  U  N  N  G  D  V  H  K  N  E
F  K  J  E  E  D  H  V  E  N  R  F  A  S  Z  W  S  T  F  R
C  M  T  W  N  J  N  O  E  T  Y  I  T  A  C  G  Q  W  A  P
O  O  U  A  I  T  O  V  C  N  Z  A  T  W  R  B  E  H  F  G
Y  Q  V  R  L  I  I  F  H  G  N  F  N  E  I  T  T  Y  V  R
I  M  U  C  U  S  M  R  R  D  H  W  K  D  R  G  J  I  B  A
M  M  D  Y  W  C  L  K  E  G  Z  J  A  G  I  I  B  X  X  W
```

Word Bank

1. till	5. listen	9. head	13. stand
2. spirit	6. anything	10. began	14. entire
3. war	7. certainly	11. heaven	15. mind
4. law	8. return	12. present	

14. PSALM 143:8

LET THE MORNING BRING ME WORD OF YOUR UNFAILING _____, FOR I HAVE PUT MY TRUST IN
YOU. SHOW ME THE WAY I SHOULD GO, FOR TO YOU I ENTRUST MY LIFE.

```
J  R  Y  T  H  G  I  M  P  B  T  C  X  G  P  Y  F  V  L  W
R  R  S  K  L  X  M  R  Q  O  H  S  Q  W  V  R  W  I  R  A
Z  Y  O  U  R  S  E  L  V  E  S  A  A  U  C  J  M  Y  B  S
Y  B  M  Z  T  Y  X  Z  F  G  G  R  J  C  N  K  S  B  S  V
W  C  O  T  H  E  R  S  R  X  L  Q  L  S  F  E  Z  Y  A  T
L  E  X  F  P  E  R  Z  S  V  P  L  A  C  E  S  N  G  G  R
B  C  Q  S  B  F  G  M  V  F  I  N  D  V  Q  K  P  R  F  B
O  P  T  M  B  E  C  G  J  H  Y  T  A  Y  Y  P  O  X  O  C
W  Y  U  G  P  L  L  F  G  Q  A  Q  X  D  I  U  H  D  P  A
Q  N  M  Z  F  W  N  W  D  M  T  J  S  N  N  A  Y  G  A  V
W  C  A  D  E  Y  G  L  D  B  O  Q  S  D  U  J  T  N  J  W
F  P  L  Z  S  U  D  O  F  M  J  T  F  Q  N  O  S  Q  T  J
C  Y  V  Q  N  V  U  H  W  N  E  G  L  N  B  W  K  H  A  P
A  E  Q  S  I  D  B  Q  Q  A  B  L  E  W  E  W  S  O  I  X
L  A  D  T  W  Z  K  S  D  Q  W  I  S  R  Q  L  I  H  E  D
H  M  X  H  H  X  Q  T  S  D  I  M  R  O  O  D  Y  A  M  O
Z  G  L  U  R  F  S  E  Y  I  M  Q  U  Z  S  P  S  X  O  Q
C  P  B  F  Y  J  E  T  L  Y  I  X  O  J  D  A  G  Y  H  Y
D  F  P  R  T  P  U  Y  H  O  U  F  Y  F  L  R  H  P  I  S
O  R  G  E  T  S  F  F  E  I  H  C  D  H  S  G  M  X  K  G
```

Word Bank

1. find
2. number
3. instead
4. body
5. places
6. chief
7. yourselves
8. ground
9. midst
10. answer
11. yourself
12. mighty
13. cast
14. home
15. others

15. COLOSSIANS 3:23-24

WHATEVER YOU DO, _____ AT IT WITH ALL YOUR HEART, AS WORKING FOR THE LORD, NOT FOR
HUMAN MASTERS, SINCE YOU KNOW THAT YOU WILL RECEIVE AN INHERITANCE FROM THE LORD
AS A REWARD. IT IS THE LORD CHRIST YOU ARE SERVING.

```
O H K V T S W L S R U D E S T R O Y E D
M T X Y I Z G H V Z L W G E E D U L H L
G G J X A C D B G L U E R I R S S H F N
A N U X R Y V N G R D R O U N D A O Y Y
X E D W X Y E P Z I L L F S W V P B Y S
T R G N I A M E R B D I Z L U E N Y F T
U T M D H G A T I A T E F U N Z S R K A
S S E Z U L J P M R C E D E S U A C Y P
R W N U N M M Q X R M R G J I W X L N L
H S T G U P E Q A F F I J W G B N A I R
J G M F G A N K C W U S T P T P O I H I
I G Q I S P A K E E G E J Y M V S X T A
T N Z S Q J P G Z X J D C L E A R Q I S
E T S A W C M K Z F C P S B Q B T R W H
Z G O Y X Y G Q P G I S H T D U D N L M
K I E U E I R V R I Z Q O D F A G N D D
F V W Z X C Y O N A F A W S M H I U S R
D E Q L P W W I N S X B V J B I L Y Y S
U S H G L O D C P M P N R T G C Z W O J
A I N Y G A S E H W Z Q O K H I S C H U
```

Word Bank

1. open	5. waste	9. within	13. spake
2. remain	6. show	10. voice	14. caused
3. clear	7. round	11. gives	15. judgment
4. desire	8. strength	12. destroyed	

16. 2 CORINTHIANS 5:7

FOR WE LIVE BY _____, NOT BY SIGHT.

```
Z T Z C O M M A N D E D Y W B H C A G J
G S S N A M O W J R Q C S F J J R A E Z
A G H B F R J S U J F R O R Z R T T B F
R B U S J K U D M V D I S P T H H Z B A
J U I A T I H Z P F C S U J T H R F V L
R N H K S L M P F E G A B W B N O X K L
Q N X J R F Q A T Y U K I G F G U N G A
G Q D T E P B Z K T L C V N R A G L K D
W A E U D G Y L F E K D H X O H H T B L
G N V S A R Y I M E S X L D N B O X B H
E L H U E A M Y D J B H U O T P U P Q L
I D P W L W S K W D J B I X Q Z T R T L
E N O N W G M L D D E V I L S J Q P T D
N O U L A L E U L F F L Y X S E L J E F
Y T O L F J R T P M I N T L W P K L L N
A B W Q U I C B O V K H Y G Y H Z E E R
A H Q U N I J R E C O E C Q Q T S N J E
Y X A G Q J S S O J X L C Z L Y K G G E
Q F K A G Z Y T W K R X D T M Q S A B S
U S Y Q M U Z S A V M L N Q S Q T I T Y
```

Word Bank

1. lived
2. lives
3. none
4. front
5. old
6. wicked
7. ear
8. makes
9. woman
10. during
11. fall
12. leaders
13. myself
14. throughout
15. commanded

17. ROMANS 15:13

MAY THE GOD OF HOPE FILL YOU WITH ALL JOY AND _____ AS YOU TRUST IN HIM, SO THAT
YOU MAY OVERFLOW WITH HOPE BY THE POWER OF THE HOLY SPIRIT.

```
Y H F T W T W G F X B H C D D M P T B T
C M Q L K Z F G R Y G N T Y M L D X K L
D Q F M V M S S K C J Q N O Z E U E N X
E T V C U U P I G Y I P F N C L S N R M
R N K A G G M I R V O H I A M Y I Y W P
B D D V L G V B C B H E L J S K B B K M
C A K U O X K T X M L P G N I K A T W Y
G L B M R T A L L T W V B S F U A C G B
J L P L Y E D H R W I P N A P E P S X H
Y E R C Z Q B Z Z Q N B C L R C B I X P
A R I A E C U B E R I F W A R N D G I Y
M E T R B Q R Y S P N L S Y O O N H V I
F H A N Y E N T N X P T F R Z G V T R F
R C Z F U R E T S W O Z L Y Y A I N B B
P R U W Z O D O F O K V U Z I R Q I X V
C W Q M Z G C W D D K V O N Y X J Z U X
E A C C O U N T O S T W S W A Z D Z G S
U J Z A P V Y U I D O F F E R I N G S D
S Y U P N M C D T D S O H G P L P B R S
X K O U G M Q C T G Z X G S X X Q I V O
```

Word Bank

1. sight	5. taking	9. care	13. offerings
2. placed	6. fire	10. once	14. glory
3. country	7. next	11. burned	15. account
4. stood	8. soul	12. pray	

18. EPHESIANS 4:2

BE COMPLETELY _____ AND GENTLE; BE PATIENT, BEARING WITH ONE ANOTHER IN LOVE.

```
D I S P A D Y F U N O F Z I K N J Z N O
M R C Z K E D W W Y Z Q W F Y E L A X X
E M J S W S D M R H S W T U P K K T N N
M I W J K T E G L L T Y N J Z O Q C W R
M Z N O L R F J X W A H D J Q R U W F D
R M U E Z O Z O H B B J A V L B S Q K A
R I A U G Y O Q W O R S H I P R C F Y I
Q V Z T L W I I T F K S D B F I P Y R V
E S R N E M K O V H U R T V D U C D E X
V P S A Y M Y E G I A E S X O R B E P Q
Z W O K K Q D U C S W H P B E D M D U Z
P K E E R H T S A E L T N M Z O T L Q D
G R C F W P X H J R P O C Q C H C R Z M
W O T H A T Y S L V I R V P A B S O V Z
I Q O R G R J E J E G B G O T J W W F S
P A Y E S O J E A T H B O C J R Y T L W
Z I L S L U U A R V D M S U L U E O W
E M B O C B U M Q C S I X F J I J L P S
Z V E O Y L L P V Q G A C N Q C H Z Y N
Q I R N O E B W W T M L C C S I S L P L
```

Word Bank

1. leave
2. pay
3. truly
4. mercy
5. years
6. trouble
7. soon
8. worship
9. three
10. world
11. serve
12. laid
13. destroy
14. broken
15. brothers

19. PSALM 121:7-8

THE LORD WILL KEEP YOU FROM ALL _____. HE WILL WATCH OVER YOUR LIFE;
THE LORD WILL WATCH OVER YOUR COMING AND GOING BOTH NOW AND FOREVERMORE.

```
S M L O K M S G O Z S S W I P S U G S T
L U T C K W C N S W X V P T U B C N W D
O M Z O R Y E F U V A B J A R M L I C C
N B M Q N E E E M I G Y Q P P E N K T I
N U I V E N I B G R P Q S S O S C O Y L
D J N O C R A G J Y E T I D S U U O E R
L A V G F D O C N T K A L D E Q N L K F
G J E S R A D J V S K A D X I I R J V V
S U T T O Q Y E Y R I V O Y Q E Y E R W
O B X P I I Q H M P G O A O F D D P N Y
N I T Q H W J G Q A X L J F P K D L S H
Z R T F B R Z J Z E N E O E E P K S W E
W I Z O C B D B A R Z O A E L S Z C S V
X A D N A M M O C U K C X K L A A O E G
G S I S F A K H U Y E X C M A X M E P L
O N Y L D G W S B A K Z A C Y E W D L K
E K Q I Y R Y U Y M Y U L L O P J I Y P
S G B W G T B P S W J I L N H M V O J S
S D M I T X Y O T V S V E C Z C C B Z B
Y Y J F B Y U G N V Q X R S Y Y K T X R
```

Word Bank

1. cannot
2. ready
3. reign
4. someone
5. call
6. offer
7. ways
8. lay
9. purpose
10. command
11. looking
12. goes
13. peace
14. please
15. named

24

20. JOHN 11:25-26

JESUS SAID TO HER, "I AM THE _____ AND THE LIFE. THE ONE WHO BELIEVES IN ME WILL LIVE, EVEN THOUGH THEY DIE; AND WHOEVER LIVES BY BELIEVING IN ME WILL NEVER DIE. DO YOU BELIEVE THIS?"

```
W  M  W  D  I  C  D  U  B  Y  U  L  B  N  O  S  A  E  R  O
M  M  N  U  E  L  X  I  W  F  D  T  O  P  T  W  N  R  E  U
H  M  V  J  D  L  J  A  U  C  Q  E  T  S  E  I  R  P  S  G
T  F  T  E  E  F  L  G  B  T  H  E  A  V  E  N  S  E  F  S
O  B  F  Y  Q  T  U  I  V  L  P  Y  K  X  B  N  D  P  P  V
R  C  I  J  L  K  M  N  F  B  Z  M  K  J  K  U  S  I  B  W
D  K  O  H  A  H  T  W  Q  G  I  I  N  K  L  Y  M  P  U  T
S  M  W  M  F  I  C  Q  M  B  C  K  Q  F  S  X  O  W  X  V
E  P  D  T  C  J  O  T  F  N  R  E  V  E  O  H  W  X  E  D
M  G  R  O  X  R  Q  D  B  W  C  G  B  G  S  N  S  W  Q
I  F  Y  B  W  D  Y  G  C  X  C  R  L  V  W  C  P  P  S  E
T  A  V  F  F  M  E  D  A  M  A  M  B  O  K  M  X  H  C  S
B  T  Y  M  Q  L  W  U  J  H  J  Y  B  T  N  X  K  F  B  U
Q  H  U  V  S  Y  R  O  C  P  M  N  X  I  H  G  W  D  P  Y
C  E  P  R  A  I  S  E  A  J  H  K  G  C  Z  N  E  R  R  K
Q  R  F  U  A  C  D  P  V  Y  X  H  B  L  J  U  I  R  X  J
D  S  O  P  L  U  R  B  H  C  I  T  F  V  Y  E  F  E  C  E
R  Z  S  E  L  I  T  N  E  G  I  A  V  G  S  H  D  A  J  X
G  Y  Z  F  Y  Q  B  M  H  L  Q  O  D  T  S  V  H  C  S  Q
D  A  L  G  N  I  D  N  A  T  S  N  S  O  I  F  C  W  L  U
```

Word Bank

1. praise	5. standing	9. priest	13. longer
2. times	6. filled	10. feet	14. fathers
3. whoever	7. heavens	11. reason	15. charge
4. priests	8. used	12. gentiles	

21. EXODUS 23:25

_____ THE LORD YOUR GOD, AND HIS BLESSING WILL BE ON YOUR FOOD AND WATER. I WILL TAKE AWAY SICKNESS FROM AMONG YOU.

```
M A P P O I N T E D F R W P X T V J H A
V Y Q Y O X M K K N Z Y O I E D Q X U X
F W H D N C R Z U T V Y M D S H S Y N D
K F J U K T U G E C E R E D B U K R D E
E D R E Q L Q V L E C L P E Y H H W R L
O U C R P A B I R S I P B N Q A L F E I
C A H L C W F H S V I F E R U B Y B D V
I W I A A K P I E J C N N U U P L N J E
N S V Z U V B R F Z G G S T F L M N J R
A K W J E Z E N I O L Q J E D T E T I Q
P R P C G D P O Q B R I E R U R C Z D A
Y J A W H P X G Y D N E T E H P E J R L
B G K N Y K F N O Q E G V T R D Y F B C
D D Y I B J B O N Y G N E E L F T O M L
G H T U O M O R H U I R M N R E V A I G
C B H Q R B H W B S B R O B E M K E Y B
T E K C V N U A L O P P S Y U M N B X P
I K P Q Z B W A L J O X Z C Q L I I H S
N G X M Z H V A I X J N D E L E H E E Z
E G E I S E X G T N F P H V X W T J S P
```

Word Bank

1. enemies	5. slave	9. appointed	13. little
2. wrong	6. hundred	10. delivered	14. deliver
3. returned	7. sins	11. brethren	15. free
4. think	8. mouth	12. forever	

22. ACTS 16:31

THEY REPLIED, "BELIEVE IN THE LORD JESUS, AND YOU WILL BE _____ - YOU AND YOUR HOUSEHOLD."

```
R V E U Q H G U K S A K N P Q K O T Z P
H E A R T S J H O G Q U V B W Z X S K W
J M G G W T E Q L F M O L A W R N I T R
K G I M R D T O G T S D P U B A A Q P X
D N I A P G N R V M X E Z I E F M T N M
M I T I S C M U Q P I E Z L W N U A H L
P R U B T D V N M U U N E D S Z H Z K P
N A R I H U T V W S E U T I S E P C Y L
J E E Z G B J L Y L N E R P F C L U V D
Z H T H U Y F D D D C S I W N L A G K U
N N A D O Q X B E Z D I G H J A K R M R
N D L Q H H O R E H E E P C P A J K D N
K S Q T T P S J Y Z T U S E R W W N N R
Y V P P Z T S T A I F P N S S Y I U D N
I U W Y A S W O S X I K W C D K O M T D
C S M N W P E P D T L T O L X N R M C E
R C D V F Y N E C Y O B T W E Z M P A R
J E E R X P V C X B E N O R Y L E B A S
E J V E A B B M M P T B N E O I C V Q U
I U M T U K N Q Z B K H O R J V A B G A
```

Word Bank

1. need
2. understand
3. ask
4. cry
5. human
6. wrath
7. kind
8. hearts
9. obey
10. lifted
11. hearing
12. towns
13. later
14. news
15. thought

23. PROVERBS 3:5-6

TRUST IN THE LORD WITH ALL YOUR HEART AND LEAN NOT ON YOUR OWN _____;
IN ALL YOUR WAYS SUBMIT TO HIM, AND HE WILL MAKE YOUR PATHS STRAIGHT.

```
R Q T S V Q I Q L W Z W B J E P I P F Z
S N X V P N E D N O I T N E T T A G P M
Z C K I X D Q Z U M E U U O D N G A E V
Z A P K I B F Y Y Y A C D S C H N I A E
K U J S W N F H G N Q B H V A G J T R Z
W T A S T N F L Q N Q Q C I E T X R I M
J H Z M B V L W X V S P G R B U W U W F
H O N D U E H J C H T K B K K A U T Y K
S R P A A L H U N X E T G F E W D H F C
P I J E W S A J Q W M C D G V Z L A B I
F T M L L W W T S X E E X D R O O Y W T
R Y X Z L L R Z R E B A N I A R G H F I
V C A W E P F G N T V W I S E A A F N E
Z X B T W L B N I Y Y A Y P L C L M W S
R L J B D R M V V L V V L V V U B I U T
X H L A G V C U G W I O R S M S S H G J
W M R L A R R I V E D M W R S D E E D H
L W R G N I K A E P S B I P Y G F Z P U
O L X D W G K O S F V T F W L O L W K E
Q G M U K Q V S P O G O E V K Y J O Z R
```

Word Bank

1. dwell	5. aside	9. speaking	13. deeds
2. arrived	6. joy	10. anger	14. slaves
3. grain	7. truth	11. wife	15. cities
4. wise	8. attention	12. authority	

24. HEBREWS 11:1

NOW FAITH IS _____ IN WHAT WE HOPE FOR AND ASSURANCE ABOUT WHAT WE DO NOT SEE.

```
P O P T Y J E C C T Z T Z R L J J M U T
C D E U W T S Q Z J K C S F M A C M E V
O P E W U N T J E Z I I E U A W C Q U
M O N G F E W Q L Y Q D R X R V Y R V T
P O O A Y M V A A C F L Y M Y T U P W E
L D L S G H O P R J R Q I V R I S E Y N
E K J A N S C L X S C E H A V B X D E T
T E H B I I K Z Q W S W Q H G A J S H E
E W U O E N Y A S S E M B L Y T P B C R
L I B V E U P N G X E Y M A I T P E Q M
Y D E E S P J V A Z X J E E C L R S Z F
S V H G R U Q C J P G X V B I E F I P Q
L B S B C M G K V D N M S P E L G D I F
V W B V U H B H E P I E R F T B E D I
B A J G A S E P Y F Y M A G E L Y A W C
X C R O B B C K Y L V A U E V I E C E R
B B A G E W J R C M A A T J S G M S B S
W E E P H P U C G P Y E Z M M D H N U O
R L U A G H B C H I M F S I H W J R N Y
C Y I T R I K I N G D O M S G R D O N Q
```

Word Bank

1. rise	5. kingdom	9. seeing	13. above
2. punishment	6. bear	10. beside	14. completely
3. battle	7. assembly	11. armies	15. age
4. sea	8. receive	12. enter	

25. <u>DEUTERONOMY 31:8</u>

THE LORD HIMSELF GOES BEFORE YOU AND WILL BE WITH YOU; HE WILL NEVER _____ YOU NOR FORSAKE YOU. DO NOT BE AFRAID; DO NOT BE DISCOURAGED.

```
P R B B X Q Q Q O N U H Z G U Z H R Q A
T R E R L G U H Y X P Z P P E E H S V W
U G N L E T W K T C Q T N D X Z U Z L W
M D M P S A C A A I S Y R C U T E U A Y
C R Y P K M D R R A D V R C U G C C G Q
C V P Q G Q R S L R E W H T U J G U Z D
Y D A E D I H R R I G H T E O U S G N Q
E V K X E P K W O N Y W C Z Q H Q G O D
D H R D B Y F T B N Q F I H M S R G N Y
T T O S Q S S U P A O T Y S I U G N X T
N S Y J B P A X Y C D H N I U L C I F Y
S S M T U G H S Q O C L P W S K D N C X
F M O P N Z Z G N I P J O P S F D R T O
O D K T E T E N U V D E I W R Y X U I S
L H V L A R A I V N D T B Y U S A B T N
L K E E S K A K N H W Z E D X Q T S F W
O O F T J Z E L X P K H P N Y D M P W P
W L X W C M W S C S D A E H T T Z U I I
S P V A C N D K D E D E X G L O D C B Y
P I H K W J K N K J D Z Y O C H D S J H
```

Word Bank

1. last	5. seek	9. righteous	13. tent
2. sheep	6. burning	10. carried	14. heads
3. kings	7. declare	11. follow	15. takes
4. child	8. bread	12. honor	

26. PROVERBS 3:3-4

LET LOVE AND FAITHFULNESS NEVER LEAVE YOU; BIND THEM AROUND YOUR NECK,
WRITE THEM ON THE _____ OF YOUR HEART. THEN YOU WILL WIN FAVOR AND A GOOD NAME IN THE
SIGHT OF GOD AND MAN.

```
M T G N W D F K R E H F F U T H A F P A
V W V J C X L Q H X W B L H K G A S O G
K O N X U B E Z X C L D M P F N G W Q K
L F V F R A S W T K N Z A Z Q I C M G T
L I A H E I H W Z L Q I U W L D K C L P
B E B I R T G Z K G T V X G N U N M V C
Z F Z K S V Q H Z K G D G U J L R Y R A
C J Y U Y O I A T P C M J Y R C J F N Q
D S A F E A J C Y E L E Q M R N X J V I
P I S X R Q G I K L O F C N E I S V G K
N X R A A M A S T E R U L E D K Z A Q T
C O C D L U X D K Q C N S N R U L E S C
W R B O Z V L C W V L I S N I C S B Y I
I D K Z L O A T D Q K G A L E D H X D A
D E K L O P A T I K N H C I X S X T R X
U R X K D D F R I J E T P Q E R S V B N
V E E K R R F X B O L V Y P R E A L E D
R D H Y Q A I T W D N V A P W P I I V S
V F W I C K S N C K C G Z S C X M U N L
D Z K J H K R Z K Y D E R E H T A G J S
```

Word Bank

1. drink	4. led	8. flesh	12. master
2. save	5. gathered	9. tribe	13. ordered
3. righteousness	6. looked	10. night	14. salvation
	7. including	11. safe	15. rules

31

27. ISAIAH 43:2

WHEN YOU PASS THROUGH THE _____, I WILL BE WITH YOU; AND WHEN YOU PASS THROUGH THE RIVERS,
THEY WILL NOT SWEEP OVER YOU. WHEN YOU WALK THROUGH THE FIRE, YOU WILL NOT BE BURNED;
THE FLAMES WILL NOT SET YOU ABLAZE.

```
H F C U A P V K M V R D D T V C X I V S
N E M L S C A L M Y M F U O I H S W E Q
L L L D G N U A H K X O L G O Q N C N C
I L H L W E L U R V S F N X B L N I X U
I D I R F P T K G R O I U D A I B W E U
C L X D X E N F G G B A U F R X O C F N
Q O K G E H E E A I T A L P Y K W P E B
F G N I A U L K A U M K P R K C K Y Q W
H H S P D N J I Y J V R N A E H L V Q Z
J X P Z P N E U C W D G X T S Y I F J P
K E I V U H P E K T R T P K S S A T M S
N S B N C Z E Q L X A M F J Q D E R B G
Z K P A V Y R V T S H R S K O R I D P Y
F I S N S G Y G T R B E J Y G Y S D D T
U P S T R U C K O Y F V N O K Y W F P L
A T T A C K M T P W O O J Q C X C Z Z X
T N L C K H U O M X A E E L Q A Z U D L
A Y H Z X R D A C A N R B A D Z R H H L
F O R Q F A A I P Y M O O H R K A R G B
L L P I Y X O I O W K M J L S S F Y Y N
```

Word Bank

1. blood	5. prayer	9. ears	13. gold
2. attack	6. rule	10. struck	14. passed
3. hard	7. didst	11. carry	15. moreover
4. princes	8. happen	12. fell	

28. 1 CORINTHIANS 15:58

THEREFORE, MY DEAR BROTHERS AND SISTERS, STAND _____. LET NOTHING MOVE YOU. ALWAYS GIVE YOURSELVES FULLY TO THE WORK OF THE LORD, BECAUSE YOU KNOW THAT YOUR LABOR IN THE LORD IS NOT IN VAIN.

```
Q A D E V I E C E R W H E R E F O R E W
J P J K G N I G N I R B X C J O V D H Q
W G N I S S E L B K M L M H V S Q U E M
C A Q Q V C K J X B I Q B R L B H C G A
M R V B V N G L B G N I W O L L O F Q V
K V R E Q W U R I E S S G B A Q Q E H P
X O U D L U O V S C E H R Y W Z M J J P
A K N O G T R N N R V P O M J M A C R D
D E X F H G E P S B E S A L W A Y S G G
L G J E J M U W J I N O J S A F C B D U
G J R W O H G U N S G U M E Q Z A L I
M G W W Z J X Y I I U O G F T U X L W A
I V R S R O T S E C N A N J L Q K R Y Y
P C I K W K O C K J M O I F L D Z L J G
U P N E H Z F A P K W W N F H Q S F J J
V Q S F T H G I L K T Y R N W O R K S B
D I E V C K Z P G K C C U K V F U G J W
R Q Z F N S H N P J D X T S G V B L L W
A P A R T C R F V J D M D N G U H M R T
V A W N T D H R S W O R D A S Q P R T U
```

Word Bank

1. bringing	5. ancestors	9. brother	13. sword
2. seven	6. light	10. works	14. always
3. following	7. apart	11. blessing	15. received
4. women	8. turning	12. wherefore	

29. <u>1 CORINTHIANS 13:13</u>

AND NOW THESE THREE REMAIN: FAITH, HOPE AND LOVE. BUT THE GREATEST OF THESE IS _____.

```
D H S E V F N D L B Y N H K T O Y A U M
X O G I I X R O W W J P S V Z E I Y J R
E Y C E R I M E A N S F H T R I B T D W
I U L B J P S Y Q M A F R A I D I B D A
X D V U N S Z H G U O N E U N L S T L B
Y A Q G T S R B H M C B A B C A J R D E
U B J T D W E D E E L D O B K V D C C D
D V M D P C D J R U K E D R L H P I P S
Z C A E N O K P I T A C P J C W F B M L
Q T P V A Y G I T Y R J M E J I W Q L Z
E G R A L T T I A H S A Y G R Y S H K I
U U J T H A Y L G X T L O C T K Y M P X
T N A P S A T C E T Z M A U P R I G H T
F T O G J E G C E B G S N W B K H W X R
H R I K H G U R W D O Y R O J M F N M N
Z D I P B J L V D B S D A L G C M J S J
F R O F O V C Q M B J V L G C C T H K P
U R B F P B H G X K Y H N O V U A Z S H
P I I Q U R T G L F L U H K D M T A U Z
W F O Q R E F I L Y H B G T E A P Z T V
```

Word Bank

1. matter
2. field
3. enough
4. large
5. cut
6. shame
7. afraid
8. meat
9. birth
10. heritage
11. prophet
12. glad
13. means
14. upright
15. sacrifice

30. <u>COLOSSIANS 3:14</u>

AND OVER ALL THESE VIRTUES PUT ON LOVE, WHICH _____ THEM ALL TOGETHER IN PERFECT UNITY.

```
D R Z Y E A R F F G V K J U W Y Z H I I
T D E R A L C E D Q N L B N D S A W E N
C X D L Y G N I X U P I J M O W N T F G
O M I G S O Z B J U V T H E L H D H S K
V U L R I L M L Z F N E C C M N T A N P
E H T T M M I Z P V I I P H A O U I E J
R C A F B O I P T O V R S U I E Y I C O
E N U A S D Y G P R I M Q F P I T F N N
D J F T L I X D E V N Q U B I P K Q A E
B U R N T Y N S E F X N Q T O O C S I T
V W W I I K O R A Q N E T S F Z Z K V T
U L H C T A W J N T B Q Y O F K P B Y I
A Y D M C W Y A E H K G Y F E S O V U R
Y O M K H P O T S C Q E A E R Q G E Y W
N U F Q O W M L L E E E Q J E V R E Z P
Q P S G Z O L A G O X U B S D I S V Z B
N S G C Z G J R N O G Z X L H I P S R P
K A R J M C T Q M N M X C A F F C B S V
A P N Z U Q R R R C E W E R K Z L Z U D
E S G U Y W G N U N P R U I N Y T J M I
```

Word Bank

1. stay	5. year	9. watch	13. river
2. manner	6. written	10. offered	14. teaching
3. new	7. stop	11. burnt	15. declared
4. service	8. covered	12. nation	

35

31. 2 CORINTHIANS 9:7

EACH OF YOU SHOULD GIVE WHAT YOU HAVE DECIDED IN YOUR HEART TO _____, NOT RELUCTANTLY OR UNDER COMPULSION, FOR GOD LOVES A CHEERFUL GIVER.

```
W  G  Q  D  V  Z  V  G  Z  H  E  S  A  G  I  T  V  T  L  H
S  I  W  V  X  K  D  Q  C  U  K  E  U  H  W  A  P  A  J  Q
K  R  S  M  B  D  X  C  I  G  Q  Y  T  T  X  T  J  Y  D  Z
V  U  J  D  G  V  Z  R  X  T  U  N  C  V  Y  Z  H  W  Y  H
I  B  D  Y  O  H  Q  B  C  W  Z  P  W  K  M  Z  E  Q  K  X
G  O  X  J  P  M  H  A  S  T  C  A  C  W  R  L  M  C  N  Z
R  M  Z  Q  P  U  W  A  P  D  Y  D  D  T  V  X  I  C  M  J
B  X  H  E  W  Z  V  O  T  E  U  L  H  W  A  L  K  E  C  O
K  X  R  Z  D  E  V  O  M  E  R  O  M  I  T  J  Y  R  Q  B
S  T  D  E  C  L  A  R  E  S  U  T  D  Q  D  D  N  U  U  L
Q  Y  R  E  A  L  L  Y  J  S  Q  C  A  D  U  F  J  J  I  F
Q  I  O  J  M  B  I  B  A  B  S  J  W  F  Q  E  W  P  N  O
F  K  G  Z  F  V  D  N  Q  T  E  S  O  M  E  T  H  I  N  G
W  J  K  V  B  H  D  Q  S  O  V  E  R  E  I  G  N  Y  P  E
D  S  N  Y  H  R  U  H  S  U  W  V  S  O  I  W  P  W  E  U
F  X  F  D  Z  W  R  B  T  C  D  E  S  I  A  R  B  I  D  T
Q  W  A  T  E  R  S  U  E  B  X  C  L  D  E  R  P  A  G  H
L  P  V  C  Z  I  X  C  I  J  N  D  V  I  C  T  F  N  X  G
H  J  O  O  S  N  T  L  S  Z  L  X  H  B  U  I  X  E  A  I
K  E  R  J  Y  F  N  C  N  Y  N  A  E  L  C  N  U  S  F
```

Word Bank

1. waters	5. removed	9. favor	13. sovereign
2. something	6. wisdom	10. unclean	14. declares
3. acts	7. thousand	11. act	15. fight
4. really	8. walk	12. raised	

32. <u>PSALM 20:4</u>

MAY HE GIVE YOU THE DESIRE OF YOUR _____ AND MAKE ALL YOUR PLANS SUCCEED.

```
Y  L  Q  N  G  W  O  N  K  R  L  P  W  Z  F  L  G  S  B  D
R  I  E  R  A  B  I  U  Q  D  R  E  J  X  J  D  G  L  T  V
G  S  G  E  L  D  T  H  L  N  R  E  N  M  X  G  T  K  Q  D
D  R  Y  E  C  V  T  V  T  Y  I  T  M  T  O  T  A  T  N  E
M  G  U  N  O  D  B  J  Q  L  U  T  Z  A  E  U  Q  I  B  W
E  N  P  L  A  T  W  L  Q  N  G  X  A  H  I  R  C  W  N  M
T  I  P  S  E  Q  X  W  C  E  G  Y  P  N  Y  N  E  Y  P  G
D  P  W  R  H  R  V  G  B  V  K  Y  L  N  P  D  E  D  W  Y
W  E  O  E  R  Q  N  V  A  A  G  S  U  W  R  K  S  D  A  A
E  E  Q  M  A  E  B  I  G  E  G  U  F  N  H  Z  N  S  C  O
P  K  T  G  C  L  H  L  W  H  M  C  H  E  J  G  U  J  F  V
F  J  W  N  K  M  T  T  R  A  O  T  T  B  W  N  V  V  Q
G  K  B  L  B  L  I  H  O  M  U  D  I  O  Y  W  O  P  K  F
W  U  X  Z  R  S  A  S  M  M  K  T  A  D  S  L  O  D  K  U
Z  S  O  D  F  L  G  A  G  B  V  I  F  A  D  E  V  O  M  T
E  T  H  Z  O  P  N  Z  A  E  Q  D  N  Y  J  J  E  K  D  C
R  I  Q  N  S  D  C  Q  J  X  I  L  K  G  A  P  M  C  W  P
G  D  E  A  S  E  I  X  D  Q  H  C  Y  Z  S  M  R  L  O  S
Q  L  U  M  S  O  T  O  L  L  A  M  S  T  M  T  V  D  Q  Q
H  G  H  T  E  K  A  T  Z  D  O  N  D  A  R  R  A  A  Y  J
```

Word Bank

1. commands	5. kings	9. remained	13. keeping
2. alone	6. heavenly	10. ruler	14. faithful
3. today	7. mother	11. small	15. wealth
4. taketh	8. moved	12. entered	

37

33. <u>JOSHUA 1:9</u>

HAVE I NOT COMMANDED YOU? BE _____ AND COURAGEOUS. DO NOT BE AFRAID; DO NOT BE DISCOURAGED, FOR THE LORD YOUR GOD WILL BE WITH YOU WHEREVER YOU GO.

```
D G B P E W O J H Z S V Y F S D H J Q B
Z A E Y B P D I X F G P Z J W F D V C Q
J L F L I R S N V M E J U P F K S W J A
R D I J A A M C A L G M D A K C G S G
K F D B B M H K B Y X R N W C T H N G T
E J W A V O E L U U C G K G O H B I X R
G X Q W D T C Z O E G V F L N M B T E U
D A D T H I N A F T P H F K T T Z E N S
U K L S V N P R F S O F O F I P C E W T
J O K T B H V U I U A R T P N S R M D A
W Q D D A I S C C Y A W U L U B F E J J
X D N B W R V O I P Y U C Z E B I X P W
A E U Q U S I V A R H N L C D J E E E J
L S O R C L U E L C O N T I N U E U O F
M E S R N A M N V N Q V S M L T Y S
G R Q D O J H A G U J S R X W X A Y S X
X T B B R B Q N V S N X K T V X E O Q C
D Z M R C H U T X E L N M H V L R R U C
F U O P J K O I P X P T C T B C I L R L
J S E Z D C W K H R O V R T A P F P Q A
```

Word Bank

1. cutoff	5. male	9. covenant	13. judge
2. officials	6. maketh	10. trust	14. continued
3. sound	7. man	11. meeting	15. desert
4. across	8. altar	12. continue	

38

34. 1 JOHN 5:14

THIS IS THE _____ WE HAVE IN APPROACHING GOD: THAT IF WE ASK ANYTHING ACCORDING TO HIS WILL, HE HEARS US.

```
K B E T I U N S N Y A G J Z X F B I Q L
D E L J I H E T E L P M O C X F U H I Q
S S Q A X Y O E Q P O U Y H B C I I I X
H T I C V N D R R E S P E C T I L Z M T
G J Y H X X V B T Z I P N S V A T K X U
N L D O M U K R V C J Y O W A M M D Q X
V E K U H J B P C A X K M F J F S O F O
K F K S H G L J D O V X N M L Q T M T W
X O E E T X I H O H J N T T F T O K I O
O E E H G I V E T H S M F C I Q N Z N O
P I P O L A I C E P S S V L U K U U L J
V U A L I T H Y S E L F Z V R T Q L O Z
W U Q D Z B Z D X E Z J J U N T D Y L M
M P N S I F N T N E M E E R G A L W L I
F J L Q K X Z N S K N V R N S Y F U S K
D O E M L P F V V D P C I S I Q T F R K
R J W R Z W T V E A P K V G L G O K F W
M I X B U U N Y Y Q R Q F C V X E P M U
M E E T K S V K B R X A Z I E I B I C R
X J G R E A T L Y S Z W O Q R D K U Y X
```

Word Bank

1. best	5. silver	9. built	13. thyself
2. respect	6. mount	10. household	14. sure
3. special	7. money	11. complete	15. giveth
4. meet	8. agreement	12. greatly	

35. MARK 9:23

"'IF YOU CAN'?" SAID JESUS. "EVERYTHING IS POSSIBLE FOR ONE WHO _____."

```
D Z J M J U N F P M N E W Q S R C T R M
I R J R Y K B R F A U L R W H U J E I M
S Q J N Q O E M O V I C V U D P D R H J
C Q W Y Y P U E I B C A W J A N M R X C
I E H J A M G C B R G N M T B H M I J U
P G W R V W N U J P Z R R O G D N T Z A
L S E C X P E G L D N E V P Q N G O K P
E D E T V Z V E N J M B B J E Y H R L N
S X S C E D A Z K I I A D D K S K Y O P
V K X P R S J Q Z L H T U E L Y G E Q N
V U W C U E F A R I G T G V S A N G R Y
D O A R E U T E Z X I W O A D S T J Q C
C S E A G U H D R T Q J W L U J E A T F
X J I D A T F P L I Z W O W C B A L G Q
R B T Y E J J U Z U C R R E Z Q M A B R
G X J H A V M B W C T R Y B D N Z B M Y
O U W U D F U T L X A N I M A L S W G A
E Z Y E W V X V Y N W L V N G N O T Q
J K E G V F H K E P K M M D Y Z H D Q D
D P L B U A S J K N U P Z Z J Y O Y W W
```

Word Bank

1. animals
2. angry
3. sky
4. clothing
5. prepared
6. whether
7. secret
8. born
9. deep
10. pleasure
11. multitude
12. blessed
13. disciples
14. tabernacle
15. territory

40

36. <u>1 JOHN 4:16</u>

AND SO WE KNOW AND RELY ON THE LOVE GOD HAS FOR US. GOD IS _____. WHOEVER LIVES IN LOVE
LIVES IN GOD, AND GOD IN THEM.

```
F U Z Q O H K K J E N I B O T Y R U N H
Y I X G Q G Q W Y S T I W E T B S L A M
R W M V D T A F F I R M A T I O N F E R
E S I J C E C H S V R X P L O W N M K B
M C P J D H P I S H X F X L A N Q L U D
E V O I F T F A Y V Z R O S S Y L Q Q E
M P N S H O F U R U M U R D P C O O L C
B N I L U T U L O T Z I W S R F G R B L
E B A R M K E X Z J E T N K E A Z H U A
R Z Y N C A Q K W H B D I S A R K L U R
F R Y W P C E G A X N Z T Y D N I U P A
A S X R V E H R J E D F D M C O G I L T
D C Q A S N M U Q U P B B D P S Z U W I
T B S L B Q S L N J K S B I O M Q F E O
P G K S Y T X E S B R E D G V X L B I N
G P Q H I C P R G M Y K Z B O D Y X C Z
C Z U C I H F S X O B S E R V E D T T N
R E E V B S I O G M S L B F C R I E D J
R R P C C O N T R O L V V N O F B V Y T
N B R F E M N T E Q T H E L D V R I H N
```

Word Bank

1. declaration
2. four
3. speaketh
4. spread
5. fruit
6. control
7. justice
8. held
9. departed
10. rulers
11. royal
12. remember
13. cried
14. observe
15. affirmation

41

37. ISAIAH 25:1

LORD, YOU ARE MY GOD; I WILL EXALT YOU AND _____ YOUR NAME, FOR IN PERFECT FAITHFULNESS
YOU HAVE DONE WONDERFUL THINGS, THINGS PLANNED LONG AGO.

```
X D Z S I W V H D F K M N P D D S H N R
K A T V U O A O V Z V K Q Y B E F Z Q Z
L U A H D W G P V R D U X U E I K H Z Q
G G J R R O I E I U F V P D H Y M A B I
T H X B A B Z C Z D F Z U H E E X D T A
I T R S W E N L X A X B J J V P Q E L Q
U E O N R U X U J H T T Q O T F S A B
V R M I O I N C C N H C M G A G Y I N X
T J A D F X M X C J A K Y C L L X M D Z
D J E X F F J A S F R E Z T K T M O S Q
T U E J G B J P B V N X G C W K X R X R
M O U N T A I N M O B R I U T X J P M Z
C V T U S I Q O T Z H U C T P B X O B Z
D G G R L M X S C G Q X Z V D R U E N Z
X V Q E V E H D K B E S E L Z E H V C
J B A X K I N D N E S S E V E S I V F U
Q D U G G C S V L W O U M T S U X T U O
L A K M B A G A D Z I V B V Y L E T K R
E Q C F A M I L I E S H B K E T V I P Z
X Y H G S M G P U T T I N G Q K M P D S
```

Word Bank

1. families	5. fact	9. forward	13. kindness
2. stone	6. lead	10. seed	14. mountain
3. quickly	7. daughter	11. putting	15. promised
4. result	8. hope	12. lands	

38. <u>PSALM 56:3</u>

WHEN I AM AFRAID, I PUT MY _____ IN YOU.

```
D  Q  V  B  Z  W  A  D  J  G  P  S  O  S  Q  O  K  V  D  S
T  O  U  T  S  I  D  E  Y  N  S  A  L  Z  G  L  N  F  K  T
F  R  J  P  V  O  G  P  V  S  K  T  G  F  M  K  E  G  Z  P
T  J  O  B  M  G  T  U  R  U  W  V  R  P  U  H  H  T  T  C
B  C  Y  O  N  H  R  G  S  G  U  E  O  I  M  M  J  P  Q  O
L  A  B  R  P  S  N  N  I  S  E  C  I  F  I  R  C  A  S  M
A  P  H  C  K  S  H  Q  D  E  Y  D  Q  A  I  Y  Z  K  R  P
L  A  E  M  T  A  T  N  Z  T  V  E  D  I  S  N  I  S  R  A
I  K  Z  O  D  K  O  F  O  R  C  E  E  P  W  P  A  Z  B  N
T  L  Y  C  G  B  P  P  V  S  O  D  I  O  K  C  H  G  V  Y
B  J  W  Q  V  U  L  E  J  O  P  K  R  L  D  Z  W  W  G  C
G  L  Q  W  W  U  G  H  J  R  Z  H  H  E  E  F  D  L  P  Z
D  O  X  T  Q  H  E  H  T  R  L  H  F  X  T  B  N  P  O  X
Y  C  W  N  L  N  A  B  J  O  V  Q  T  A  G  T  M  E  V  O
S  S  E  N  R  E  D  L  I  W  W  L  B  F  K  C  E  T  E  J
F  V  U  M  J  K  T  X  A  L  R  E  A  D  Y  E  O  B  R  I
E  N  E  X  E  J  J  R  Y  O  K  A  G  I  T  Z  S  D  C  Y
R  H  L  I  F  V  V  Y  G  E  D  N  I  H  E  B  X  I  O  Y
V  L  A  R  H  T  R  C  N  H  N  B  W  F  E  E  L  A  M  D
T  S  U  O  I  C  A  R  G  F  N  T  V  B  B  D  H  H  E  L
```

Word Bank

1. force	5. meal	9. gracious	13. wilderness
2. believe	6. outside	10. better	14. sacrifices
3. sorrow	7. company	11. already	15. overcome
4. behind	8. inside	12. troops	

39. <u>ROMANS 12:12</u>

BE JOYFUL IN _____ , PATIENT IN AFFLICTION, FAITHFUL IN PRAYER.

```
D W J M Z D N J L B Y X H L R D I U Z D
S P T L X O Y P U A B V D P Y C O L U S
W T O M V O G B Y T Q T G O H O U S E S
K Y S J Q O B O Y F V C Q B U W G S O G
E G E O X B K L T Q B S P T J D Z Q D H
X B U X H V H O W T U P K T V H T S Q
V W I Q F X S W U P E S Y N C R H T N Q
N L Z Y V T S T U D G K A P E A H H J Q
C E E U V D M K C N N J R D N G T W K L
Z S V D U E N Y R O Z S I S I A F T N S
X I K Y T T I Y J C A U V L W O Q L L O
B W N K V T V O J E G M F P Z V I K E E
S E U A F I F U O S Y W R P J J M U V V
F K P E L M P R C A V T C T C S U D V G
G I N R I M A S P I E V Z L Z A W Y J L
A L E B F O R G O Y B F Y C E E P Z Q O
Y I S K T C P E I W T C O R G A H F I Y
S N O O K Z Y V R X G V K A I J N F V U
S K H D U G L M F W E G P O A K J L E W
U P C L C G J V Q R G N I L L E W D H P
```

Word Bank

1. yours
2. committed
3. wine
4. cover
5. flight
6. cattle
7. second
8. clean
9. houses
10. chosen
11. hosts
12. lift
13. likewise
14. dwelling
15. break

40. JOHN 16:33

I HAVE TOLD YOU THESE THINGS, SO THAT IN ME YOU MAY HAVE _____. IN THIS WORLD YOU WILL HAVE
TROUBLE. BUT TAKE HEART! I HAVE OVERCOME THE WORLD.

```
C T A T R Y I P E O P L E S Z T B E Z M
V U B K R G E C N A T I R E H N I Q C G
N E S P P S N T H Q A L T H O U G H Z T
V H B C C J L Y N O M I T S E T U R S H
I Y Q E O U G Z I J K X U C K Q E B R Z
L A L K I D E D N O P S E R J F G G O W
A V G D F R M J P K O T Q J B X C X J M
N F S R W O S S S E T X Q K P N U R O H
R Q S V Q L K S V F Q U S M A W O U Z D
E M H I O G E Q X R J M K I V Z E H S E
T S Q D B N I N I Q U I T Y U V S K X W
E W I A T Q J I O Z J P Z P G I T M O O
V H C I J X Z S O J V Z V N S I E N L L
Z J W J P Y F L A H E B O L Q E H Q P L
I A M U R E G A R D C L Z C R G P U R O
J R P I B N N I D M E Q V K U D O G M F
S B F S B E N D I B H J T B G Y R Q F Y
D Y M A Z A R Z L T U K T E I N P W Z O
X N W J P M K S X A Z C E Z I A R M A F
N Y D X S R E H T A R H M L B B U C X Y
```

Word Bank

1. iniquity
2. prophets
3. followed
4. although

5. regard
6. eternal
7. belong
8. witness

9. idols
10. peoples
11. behalf
12. rather

13. inheritance
14. testimony
15. responded

41. 2 CHRONICLES 7:14

IF MY PEOPLE, WHO ARE CALLED BY MY NAME, WILL HUMBLE THEMSELVES AND PRAY AND SEEK MY _____ AND TURN FROM THEIR WICKED WAYS, THEN I WILL HEAR FROM HEAVEN, AND I WILL FORGIVE THEIR SIN AND WILL HEAL THEIR LAND.

```
T  E  S  Q  P  N  I  Q  N  O  P  I  B  H  O  I  E  X  R  G
P  Y  B  O  O  A  M  T  X  M  E  J  L  Y  Z  V  V  N  B  C
O  F  J  N  Q  M  E  S  H  N  F  U  S  I  I  M  G  X  T  K
V  G  T  U  O  Q  O  A  U  I  J  W  K  F  I  J  R  I  N  E
K  B  P  I  I  Z  U  P  H  L  D  I  Q  V  W  K  A  D  X  R
U  B  E  E  Z  J  K  S  N  W  T  R  Z  G  S  P  C  L  E  D
T  K  C  L  Y  V  O  L  E  B  M  E  X  X  D  Y  E  H  A  H
A  M  X  L  T  J  N  T  T  V  E  Q  T  T  W  Q  T  G  J  P
C  J  E  K  A  L  E  U  P  H  H  U  H  Q  N  A  R  L  M  W
C  C  W  A  N  Y  E  T  X  R  Y  E  C  S  G  E  Q  C  L  W
E  Q  D  S  M  I  O  O  I  O  C  S  N  H  D  B  F  C  Y  L
T  T  J  E  S  O  Y  L  G  S  U  T  G  B  W  A  I  O  R  I
A  L  E  X  R  O  R  D  J  E  M  L  A  W  Q  N  X  T  M  Y
C  E  F  D  O  C  A  N  W  E  W  L  U  B  A  J  E  T  O  R
N  W  X  Q  J  L  A  T  I  R  G  M  X  S  U  O  D  A  E  I
U  D  R  Y  C  G  H  S  H  N  J  O  A  T  O  U  Z  J  C  E
D  U  A  L  N  V  F  N  Q  J  G  N  C  G  N  I  T  I  A  W
R  S  G  N  I  S  U  A  C  E  B  D  O  C  N  N  V  O  Y  Z
D  Q  S  Y  Y  S  A  Q  U  A  G  A  P  H  G  G  P  U  E  F
F  H  L  T  L  J  L  M  B  Q  F  U  B  M  H  L  F  H  H  N
```

Word Bank

1. except	5. causing	9. request	13. past
2. grace	6. fixed	10. rose	14. sacred
3. morning	7. five	11. waiting	15. gather
4. loyal	8. oath	12. dwelt	

42. COLOSSIANS 4:2

DEVOTE YOURSELVES TO PRAYER, BEING WATCHFUL AND _____.

```
S  Q  H  Z  F  D  R  S  U  A  V  M  U  T  B  E  Y  O  N  D
L  N  C  A  U  J  I  F  I  A  S  P  L  C  L  O  S  E  M  T
K  N  W  A  I  Y  Z  V  H  I  P  I  J  T  E  P  J  O  Z  W
S  Q  C  I  N  S  A  E  D  C  W  A  Y  I  U  O  H  G  L  M
X  X  R  C  Q  V  A  Z  D  O  F  Q  G  E  E  R  T  G  Y  I
B  S  Y  S  Z  D  D  T  D  N  C  T  P  K  D  R  G  F  V  H
O  X  K  G  M  Z  H  B  I  S  W  F  C  L  D  P  V  W  U  G
W  R  Y  B  H  Q  M  F  Q  I  Y  P  I  K  G  C  L  V  S  W
R  M  W  I  A  C  T  T  Q  D  S  U  W  B  N  U  N  C  T  Y
K  Y  S  X  S  L  P  I  L  E  B  V  Z  U  Y  E  M  S  N  N
O  Q  F  V  R  W  G  H  Y  R  U  U  C  A  A  E  W  J  A  X
K  L  V  A  E  X  U  I  M  U  L  F  D  O  A  X  Y  U  T  Y
G  L  L  J  M  K  A  X  P  K  F  W  Z  S  O  U  Q  R  I  H
J  V  Q  W  O  F  R  X  V  Z  Y  R  U  E  Q  O  Q  Q  B  D
L  B  O  L  V  Z  D  R  B  G  B  R  N  A  Z  Z  B  R  A  J
X  P  V  N  E  J  V  S  O  O  E  S  P  D  Z  V  Y  P  H  F
W  Y  L  G  S  R  E  H  T  A  F  X  R  X  I  F  X  G  N  O
L  W  L  G  I  N  S  T  R  U  C  T  I  O  N  S  K  F  I  Z
W  N  Z  U  R  Y  G  F  I  T  I  S  S  E  R  V  E  D  P  I
J  D  F  C  G  Q  Z  Q  K  X  R  M  A  U  Y  N  L  C  X  I
```

Word Bank

1. tree	5. served	9. build	13. remove
2. instructions	6. consider	10. measure	14. knew
3. ahead	7. close	11. beyond	15. fathers
4. guard	8. wilt	12. inhabitants	

47

43. <u>EPHESIANS 5:15-16</u>

BE VERY CAREFUL, THEN, HOW YOU _____—NOT AS UNWISE BUT AS WISE, MAKING THE MOST OF EVERY OPPORTUNITY, BECAUSE THE DAYS ARE EVIL.

```
O  P  T  N  C  M  L  Q  T  J  P  C  Q  V  Y  S  P  J  L  M
B  W  E  T  I  R  I  P  S  Y  L  O  H  E  K  Y  M  O  I  V
U  W  V  C  H  W  A  G  T  G  O  K  P  B  H  B  S  P  R
I  B  U  G  S  E  V  E  T  K  I  L  I  Z  F  D  F  V  L  I
L  C  V  K  U  T  W  E  N  T  Y  H  J  V  O  N  Y  E  U  E
D  B  U  V  U  T  L  W  U  M  A  H  Z  F  H  U  M  A  T  L
I  Q  S  E  V  I  T  A  L  E  R  C  Z  P  T  W  M  A  H  B
N  U  P  N  Y  Z  B  Y  X  N  T  O  K  E  C  H  L  A  W  I
G  E  E  K  S  D  M  I  T  W  I  E  N  E  B  K  E  N  U  S
C  C  I  E  M  G  L  R  G  O  N  T  O  V  D  R  X  H  O  N
R  O  U  S  S  W  N  X  V  A  S  N  D  I  J  T  K  O  F  O
N  A  K  F  J  Y  E  I  H  I  T  R  N  P  F  C  D  N  F  P
H  L  E  Y  Y  E  J  M  R  Q  H  R  Y  E  W  W  G  F  S  S
S  I  T  G  T  P  L  J  Q  B  J  T  E  T  S  O  P  U  P  E
I  V  G  T  O  R  K  S  O  L  D  I  E  R  S  S  A  E  R  R
A  E  J  A  U  Y  E  W  G  N  Q  Z  G  C  Y  Z  S  L  I  H
R  A  A  K  F  V  W  P  H  K  D  G  N  I  K  R  O  W  N  F
A  U  J  R  P  A  Q  K  O  S  F  D  J  S  Q  N  Z  F  G  P
N  R  N  O  K  X  A  I  D  R  C  E  W  X  O  Z  P  D  E  B
G  M  W  R  A  H  I  C  A  Z  P  U  M  J  M  X  H  Q  J  L
```

Word Bank

1. brings	5. working	9. offspring	13. soldiers
2. tents	6. attacked	10. alive	14. relatives
3. holyspirit	7. run	11. property	15. building
4. talk	8. responsible	12. twenty	

44. 2 CORINTHIANS 3:17

NOW THE LORD IS THE _____, AND WHERE THE SPIRIT OF THE LORD IS, THERE IS FREEDOM.

```
U S R P V B J C U L D Y E U K W O C O M
E V M I C J A Z T E N T O Q W X E A C M
U J A O V B Z W V I N X I O E E G Z O A
C M T M T Q A O P S T Z V X Z J B G N W
U Z I C Y E L R X I C Q H G R K D J S T
Z D A N J C Q O L I O E D N A X Y O I P
A O W U D E H S I L B A T S E N M G N Q
C W T S R M S B B S K F T L C Q S Q U X
G F L E S T I P L L U U J Z T O E L A E
A Y M V X L T E W R E T A E R G H B L W
W A X N R D Q R N H E T H X R E T L L L
X X R M E E Y H I E E X P L F D O Z Y H
H G T O M K B J X B M M M M O I L R J R
U L U L S L N Q C G E Y C F M E C O B F
E D L Z K E U P R L K S U D C Z N J D U
I L A A Z E S W T V R F Z I C C U U T F
Z A P B W X F F U M G R O W P C A Z C A
F O X F W O O D O K Q J A Q D S D B V X
Y H K J E Z K F J P E P F W O Q R M O P
L Z O K G J T T Y R C W L R Q N U A W Y
```

Word Bank

1. itself
2. wall
3. grow
4. enemy
5. loved
6. clothes
7. established
8. oil
9. wait
10. tribes
11. rejoice
12. greater
13. arose
14. smote
15. continually

45. PSALM 133:1

HOW GOOD AND PLEASANT IT IS WHEN GOD'S PEOPLE LIVE TOGETHER IN _____!

```
V  Z  H  I  I  N  P  L  E  A  D  I  N  G  Y  Y  M  G  I  E
Q  L  H  T  I  G  Z  Y  H  W  O  X  D  U  M  O  S  R  U  X
I  Z  V  E  I  W  Z  L  H  L  U  S  F  L  Q  R  Q  I  D  Z
D  B  O  L  V  Y  V  R  J  O  W  I  K  N  E  X  C  E  Y  W
T  K  X  L  I  C  D  S  E  M  E  T  G  G  J  A  V  F  R  Y
F  S  W  I  N  K  L  P  O  P  R  L  N  X  S  P  D  Z  B  C
M  P  E  N  M  U  W  Y  C  G  S  E  B  N  O  D  S  D  L  R
J  R  K  G  V  F  D  S  D  N  S  K  I  R  U  S  O  W  P  W
O  O  N  J  Q  W  D  M  Y  S  S  G  P  F  A  J  B  P  J  Y
E  M  V  K  N  L  P  G  E  S  L  J  D  K  B  G  Q  E  A  N
R  I  P  J  N  R  P  M  D  E  I  N  E  U  D  V  W  S  T  P
A  S  W  E  C  M  Y  K  Z  J  P  T  R  J  P  N  B  N  Y
K  E  S  U  T  F  I  E  L  D  S  A  R  Q  E  U  E  K  R  J
E  N  E  D  O  Q  U  A  Y  H  C  A  B  K  O  S  B  V  G  Z
V  Z  A  R  E  A  S  C  S  O  G  U  U  V  Q  V  C  B  G  H
R  P  T  K  V  R  O  I  R  D  C  E  R  R  H  B  L  U  C  F
N  C  E  G  Q  U  L  D  X  X  P  K  O  T  A  L  J  A  E  W
O  L  D  R  R  O  L  G  U  L  M  S  B  W  D  I  A  W  V  J
I  A  H  T  O  D  E  K  O  H  A  G  R  W  L  B  S  J  Z  D
P  Z  K  F  O  E  N  A  D  W  C  A  Y  A  G  I  H  E  C  H
```

Word Bank

1. foolish	5. seated	9. leading	13. fields
2. court	6. telling	10. messenger	14. raise
3. rescue	7. sake	11. grief	15. promise
4. area	8. camp	12. ten	

46. JEREMIAH 29:12

THEN YOU WILL _____ ON ME AND COME AND PRAY TO ME, AND I WILL LISTEN TO YOU.

```
C J I E A T Q B Y N V F Z W S Q U C I U
O E M M S Q D M E H M L Q P C Q P T D L
W E T Q N C R K T A L W R N H G A O X B
Q X D B Q U R K A A S D M X I L Q K E A
S P E E E B Q O Z T E T S A K S J L G R
G A D N X Q N W W Z R S S I R Y O K B A
Y K D J S F O Q H D U R N J G N G Z T A
C D S D H X I R Z R O G O Q G E B W H Q
X P Z S Z J T L N H V O I S H N G U P E
F H S U Z J R J W P W A N V I N L N Y Q
J I Z D G V O B M S U R R O U N D I N G
R V N Y R G P J K L P V G F Z W Z E D F
X U D E C A R I G Y A N Z Q E S A C G D
J Z E P N S W E O D O O R M Z Z O Y H S
Y T L U Q T W O B W B M A T R X G C K Y
D D B N A K A H T D C A P R O I M S E T
W J U X X O L D O A A D T W J H W D A M
T D O M H T L Q A Q C V I Z K R C J U N
L R R U Y O S K W X S T R A P T U H R K
D T T Y M E S S E N G E R S Z D F K P I
```

Word Bank

1. fine
2. door
3. portion
4. walls
5. crowd
6. beasts
7. talking
8. parts
9. belongs
10. seat
11. case
12. troubled
13. towards
14. surrounding
15. messengers

47. ACTS 16:25

ABOUT MIDNIGHT PAUL AND SILAS WERE PRAYING AND _____ HYMNS TO GOD, AND THE OTHER
PRISONERS WERE LISTENING TO THEM.

```
J M D W L W E A B J M D G P L W C D G A
H I E F A L L E N G A U N E R V W E I H
N M N S W A L L O F B T L D N G B L M L
I C G V L I V S G Z C O G J P E B I D I
P Q I Z M X J O D Q M Q W A W J Y G M F
O U S S Y A L E B N Z N Y W P E H E V
L P S K C Z L U W C Z E Y L L S U T V B
Y Q A T V C F T P A U P K X I Q H Z A T
I O F G Q I H S L N P S C R B W E D C G
N J B U N V P O K A L X O E A Q J N E W
G Q D N L E G H H G W D V D D E C R V E
I T E K C L X G U N H H N Q F H K K S
R R M K R N Y Z X I N Z C T T N S J X T
N Z R J E S C Q R N C E M R A I F G C M
K V E F D S P Z D E D C Q L K N A C J S
X A R R A I J Y E P I N S T R U C T E D
R G J J E N C L O O X E B T H B F N P C
M T X J L P A T A U F W N X P E X X Y Q
T Z A D W X N H Y K M T C C I E T S K Q
E D R E S Q W W W O B P U K O V E A P B
```

Word Bank

1. host
2. bow
3. delight
4. fallen
5. happy
6. gate
7. inner
8. leader
9. instructed
10. opening
11. hearken
12. fully
13. lying
14. laws
15. assigned

52

48. <u>PROVERBS 17:9</u>

WHOEVER WOULD FOSTER _____ COVERS OVER AN OFFENSE,
BUT WHOEVER REPEATS THE MATTER SEPARATES CLOSE FRIENDS.

```
Y L B D Y W R P R L R P O T J S G I K A
R K E Q N E U K X T P D E E H E G T Q E
K S U R A I J F H R D B Q F S N D E J S
X Z H C M P O E D R A W E R O O L Q T B
U K H T G Y J X P P H F I G E T X H L J
Y E B J R H M M G Q X S I D S S A J E O
D E L L O V I W D A Z E U G G V K N Q I
U J V G A T N E T A E T H D H X R I C L
I A Q D I H I C B Z O A U S D T C A O B
X E Z S A S C M J Y S O T D C I I C G M
G F F O J U F C I Q L N Y F W G T N S D
M C G P O T G P H Y X Y V M I V M J G F
F Y P K C Z Y H P E X U C T Y G N X U D
D K X A Q V K Y T H B D C K R A D Q N
F A F S F Q W K D E N Q K A I U I U L J
K H Q K C O L F Z W R K F A I H W B B X
E Y G Q B B N Y H X K S E L D D I M A O
X T D S I N G L E Q Q T Z D P H W K L O
I V J C E J F N K Q U O M M S P Y R Y M
A C J K I F U R V C S L A M I N A Z S L
```

Word Bank

1. heed	5. dark	9. reward	13. fighting
2. reached	6. top	10. middle	14. gift
3. single	7. flock	11. stones	15. daughters
4. eaten	8. loud	12. animal	

49. ISAIAH 41:13

FOR I AM THE LORD YOUR GOD WHO TAKES HOLD OF YOUR RIGHT HAND AND SAYS TO YOU, DO NOT FEAR;
I WILL _____ YOU.

```
V  S  N  H  Z  Y  A  C  E  F  T  D  U  N  A  E  O  A  U  D
F  C  J  P  V  R  L  L  G  G  P  V  C  G  R  W  S  Z  K  R
Q  M  T  S  I  N  O  B  O  Y  B  N  D  A  A  N  Q  P  T  Y
S  R  S  S  J  Q  A  D  Z  K  S  E  B  R  I  F  P  U  O  Z
Q  I  E  V  L  D  L  R  P  V  E  E  R  A  E  E  N  R  T  M
H  S  Z  U  L  Y  N  R  Y  K  H  I  T  A  F  O  E  S  I  Y
S  A  N  S  Y  U  A  N  F  B  O  N  O  Z  W  G  M  A  F  I
O  E  H  C  M  E  H  Z  X  R  U  A  Y  M  U  X  V  X  V  G
Y  T  C  S  A  J  B  F  S  O  Z  J  R  Z  T  W  R  H  S
W  C  C  E  I  W  Z  C  M  D  Y  F  T  N  G  E  S  E  T  V
Y  G  B  I  I  J  G  L  R  O  A  D  I  H  W  I  C  P  E  D
R  K  H  B  N  P  H  E  P  E  I  M  S  P  S  N  Z  X  L  V
X  R  U  F  C  X  T  O  P  W  S  Q  K  M  A  E  G  G  L  Q
G  I  J  O  C  U  W  Y  J  U  K  Y  Z  R  L  M  Q  E  A  T
K  X  Q  T  H  E  R  E  I  N  A  Q  T  H  A  P  B  U  C  S
E  P  Y  A  R  B  F  K  O  T  T  N  O  V  K  I  G  G  P
Z  P  B  F  Y  J  A  Q  O  R  E  B  D  S  F  V  E  W  R  G
G  L  U  Q  O  A  O  R  A  D  I  Q  Q  A  K  Q  W  V  X  X
O  L  K  R  O  F  L  E  V  D  E  D  U  L  C  N  I  R  N  X
P  L  Z  O  N  X  D  E  A  B  Q  W  X  K  N  U  R  T  S  Q
```

Word Bank

1. powerful	5. warriors	9. dry	13. sit
2. pieces	6. bare	10. arise	14. mountains
3. road	7. godly	11. therein	15. entrance
4. dear	8. included	12. calleth	

50. GALATIANS 3:26-27

SO IN CHRIST JESUS YOU ARE ALL CHILDREN OF GOD THROUGH _____, FOR ALL OF YOU WHO WERE BAPTIZED INTO CHRIST HAVE CLOTHED YOURSELVES WITH CHRIST.

```
V A K T U F O I H L N S B E W R Y A O G
S A S L M I J N A A C I X U U F V K G V
T S S T D M P Q J C L S N L V S X B D A
N Y R W A L O V Q A R F Y U B S R Y D B
E X V J Q Y I Y O D Z B D E W Q D J O T
M F K Y L H E W D K I I E N M B H J X S
R I T F S Y S D O T K A S U Y F C D Z F
A H V K A U U E O H T W U J H C L G E G
G Q Y H I L L C W C R X F C E V U P S T
E O U K Y E N R U O J M E M U T U S N H
H Y K A W N Q E O F S R R P S B H T E L
O T P Z K O Q V G E E J C K T Q V R S Q
A N W M Q H B A M A N I J W T V C A G K
A G B M W T F I K S D V A V Z H V N W Z
Z R X E A N G E L T I D P O T A H G S K
U B P C A A Z Y E G N K W S H E W E B Q
F X T J S S Q B D K G C I E U X C R F R
J V E P Q Q T O M D Z M T I M G M H Y Z
T R S Y R X G Z R K T S A N V B W E T C
M U E G U L Z E W L X D H T P F P Z A W
```

Word Bank

1. stayed
2. garments
3. wild
4. feast
5. hill
6. shew
7. sense
8. journey
9. wood
10. angel
11. refused
12. half
13. beast
14. strange
15. sending

LEVEL II

51. 1 THESSALONIANS 5:11

THEREFORE _____ ONE ANOTHER AND BUILD EACH OTHER UP, JUST AS IN FACT YOU ARE DOING.

```
N A K M H P S Y I J B F I D L X D K K V
D L W P A O O T J V Y I W O G Y N W J E
I V W X N B X S R B G N U O M G T R L X
J B O R D E R M L J C I T C R H I K X W
Z Z C V E B Q Z H J I S E T Z K X X M G
Z G T N D I I O G Z K H A U N U E U A B
W J N O I T I S O P H E C H Q D H D K Y
E N H U A M U H N Y W D H S P E B D N I
F D S M Q U L O T D O N D X K I E T L S
O Y L A M S N F W E B K U F P D P P S T
U L A A R L H F U E D E R A H S Y I N R
O R I B G Y F F G C U N A K W F E J I I
M E N J S M V I I G H S E C L J Y G A K
C T V N Z O N B N E T K O S L S F M M E
T T X E P N E I M C U R S E R D C H E K
C U H R I V K O M I N G Y K G O C J R T
G L N N H L W Y Y A W R O O D O D H R L
W A G K A U B A U F M G F R L G U F K I
H G P W D E H C T E R T S G M H W K R K
L W F A L L I N G C N L I W N D X X S I
```

Word Bank

1. remains	6. shut	11. slain	16. finished
2. strike	7. stretched	12. worked	17. falling
3. utterly	8. curse	13. goods	18. beginning
4. share	9. walking	14. border	19. position
5. teach	10. doorway	15. handed	20. sendeth

52. GALATIANS 5:22-23

BUT THE FRUIT OF THE _____ IS LOVE, JOY, PEACE, FORBEARANCE, KINDNESS, GOODNESS, FAITHFULNESS, GENTLENESS AND SELF-CONTROL. AGAINST SUCH THINGS THERE IS NO LAW.

```
U U B A S P A D H J T S F Z K B C U T L
I N Y G X B K O H T E N R U T A Z H F S
S E S U W S P I K L G I F T S U P R X K
F A P I D H X F K J W A U B D N A Z C L
C F D E B F L O O S E I T N E U W D Z O
V E V D R Q I W Q P L F N W I M W A V H
O A V I X J T B L X R C L D H B J W R Q
S Z N L K Y G Z V X J E I Q I E L E C D
V T S A F D A E T S M U S S P R B E V V
R V L R C D E M U S N O C E F E D P Q E
S Z J E J L W A L J N A F N N D B I G G
V X V V U D R A B Y U E X F P T S N K F
E A H E N F Y H L U P R O D U C E G X L
R F I N R N U X F K N X H C V L R D M U
A K U E O R O S Z R E D W J U J G W U A
P R C H C J O S Z W L D A P R K N E E M
E C C W L N P R S K K F L N H M I D C P
R W U W G H G Y M Z J Z Q K C F K J E G
P E S U F E R Z I K B P N T L E S Z I R
Z Z L T M P R K F C L H V T F C A G V Z
```

Word Bank

1. turneth	6. produce	11. saved	16. steadfast
2. gifts	7. wind	12. song	17. prepare
3. draw	8. loose	13. numbered	18. presented
4. walked	9. consumed	14. weeping	19. abundance
5. asking	10. refuse	15. wide	20. whenever

53. JAMES 1:22

DO NOT MERELY LISTEN TO THE _____, AND SO DECEIVE YOURSELVES. DO WHAT IT SAYS.

```
S G L V L Q F B P N C U X M W T J T P Z
L T J C Z V M B S O R W M B C R L R E U
V I T T J A S E E E B C M S G U L I N E
I Y S Y V E W L L V O M G V F I P Q S J
T H J V O E I I E C T T J I M J X C R K
G B C G Z O H Y R S F W T L Z O A Y W Z
W U L O W W L E I I N U E Z N P R X G B
U P R N N W T R O V A U H R E Y L Q F N
Y T Y A G S H G F E O S O B O Q V H E T
W G E A A C I N B V I L G C G B V T A S
L M E S D T I D A W W B N L V V I S E R
H D I N I E V O E M A F I B V M F Q F X
V D K P K S H Q L R P C T E S V H K D W
C H U S N Z G C N U E M T F C W O T D I
G N I T T E G M A F I D I Z S N A C E M
C B V S M Y H C L O Y N S X E N I O A O
B P C R U S H E D D R A O K A H A R L I
W I L L I N G C K B C P T X R T C N P I
K V X E I V C P O R G L P W C P E X A R
S P G T C E F R E P J N T A H B D L A Y
```

Word Bank

1. christ	6. considered	11. perfect	16. sitting
2. sat	7. approached	12. bore	17. escape
3. search	8. deal	13. counsel	18. beautiful
4. willing	9. crushed	14. meanwhile	19. prince
5. getting	10. wish	15. smite	20. disaster

54. EPHESIANS 4:32

BE KIND AND COMPASSIONATE TO ONE ANOTHER, FORGIVING EACH OTHER, JUST AS IN CHRIST GOD
_____ YOU.

```
P G T Y S D B U B R Q A H W T E R R O R
H X F V G E V S P A W W B N C M O T I U
E A Q P H T Y K D D V D H E A O Z K F P
R M D F S N Z Q Z F P Q I Y R H G I L G
G N S U E U V G C F T L D S A I D Z Q V
N O I P R O C L A I M M D D F I C P A L
O K K G Y C N C J D S Z E R S E Q H H D
I D K E H A K V Y W X I N T S N I A P S
T M A C V H F G B L B Y R C B E W H O S
C N D S K N R X C J V E I V Y T P L C R
E N D M G Z L G N I S A E L P F C Z W I
R U I K B N A A R S C R W W M W O L L A
I Q T W F R I P A Q H K I T G C W S S L
D C I O K C C K W E P H G C B W T T R O
T N O I Q E R H E E S A E R C N I O E X
W V N U N C T U T E P U R E R I M P C R
W B L O X O O R G T S J V X Q P O O I M
I G R K H U E Q B H O A J U T T B P F Y
U H P N A E S R E G A R D I N G C J F N
T X M H S J U G H P P N H M D I Z A O N
```

Word Bank

1. allow
2. regarding
3. increase
4. hidden
5. pleasing
6. ark
7. proclaim
8. seeking
9. throne
10. trees
11. addition
12. counted
13. chiefs
14. pure
15. nigh
16. terror
17. distress
18. rich
19. direction
20. officers

55. <u>PSALM 42:11</u>

**WHY, MY SOUL, ARE YOU DOWNCAST?WHY SO DISTURBED WITHIN ME?
PUT YOUR HOPE IN GOD, FOR I WILL YET PRAISE HIM, MY _____ AND MY GOD.**

```
R  I  N  X  J  T  N  J  C  E  J  F  J  Y  L  C  F  W  L  S
T  U  T  E  C  J  M  M  C  B  X  V  I  D  F  V  O  S  P  T
F  R  K  A  D  O  U  T  V  Y  B  F  R  E  R  L  Z  C  S  R
L  O  U  Q  C  D  P  P  Y  M  Y  A  P  O  L  B  U  D  I  A
Y  Y  K  Q  G  E  U  Q  X  F  W  G  P  E  S  L  P  L  B  I
L  G  Q  B  C  B  I  S  C  R  E  H  F  P  H  E  Q  Z  V  G
F  W  O  C  Z  H  X  G  E  V  A  L  L  E  Y  S  T  Z  H  H
S  N  A  X  U  W  U  T  F  Y  A  D  F  R  T  S  B  Q  E  T
M  Y  F  U  R  I  F  H  O  E  Z  F  E  X  S  P  O  H  M  F
H  C  Y  M  L  A  R  D  O  V  W  H  F  S  M  N  D  H  P  B
E  M  V  T  O  R  U  N  T  M  T  Y  E  L  U  E  I  C  J  J
J  G  Y  C  F  T  E  A  J  R  N  R  U  X  I  A  E  S  C  Z
E  S  N  J  C  Q  T  D  U  G  I  L  D  J  P  C  S  S  D  S
A  Y  R  A  S  U  A  F  J  S  J  B  R  P  P  V  T  R  E  L
O  S  W  I  O  E  L  P  E  H  M  V  E  U  C  I  K  E  G  E
W  B  B  H  L  G  O  D  T  Q  I  A  S  Q  G  G  T  V  D  S
P  W  S  Z  R  U  S  M  U  H  R  K  E  E  P  S  F  T  U  S
M  Q  W  W  I  O  E  I  M  E  A  O  R  D  B  A  V  M  J  E
J  L  F  J  O  D  D  D  D  X  J  X  R  D  E  L  R  Q  Y  V
H  B  V  K  M  F  Z  Z  B  M  S  O  U  G  H  T  M  N  V  H
```

Word Bank

1. accept	6. keeps	11. valley	16. afflicted
2. further	7. judged	12. bodies	17. straight
3. guilty	8. foot	13. bless	18. sought
4. shout	9. sudden	14. appeared	19. desolate
5. afterward	10. vessels	15. fellow	20. desires

56. <u>1 CHRONICLES 16:34</u>

GIVE THANKS TO THE LORD, FOR HE IS GOOD;HIS LOVE ENDURES _____.

```
M  I  B  C  S  R  W  N  F  I  S  P  P  R  B  Z  U  P  W  A
U  L  G  E  Z  Z  X  T  Z  Q  S  F  E  V  W  P  V  Z  D  A
L  U  E  J  W  K  A  U  Y  F  R  A  Q  H  H  K  L  N  S  E
J  T  A  R  Z  M  E  H  Y  L  L  U  F  E  R  A  C  H  M  N
H  G  M  U  Z  G  O  S  S  I  L  A  U  T  I  R  I  P  S  O
Q  M  Z  B  I  T  M  U  Z  T  S  S  L  X  S  D  W  I  O  I
C  E  M  L  T  L  F  E  V  H  B  O  Y  C  B  E  F  I  C  T
R  V  F  P  W  F  O  W  G  N  L  R  S  H  T  B  Y  O  N  C
O  L  S  W  E  E  Q  L  X  E  P  I  U  V  E  A  V  A  U  U
S  M  X  R  E  E  I  M  D  T  S  Z  K  C  U  E  M  B  M  R
S  J  I  S  U  R  H  T  X  T  D  B  O  N  R  B  R  Z  X  T
E  N  Y  T  S  A  H  T  Z  I  N  M  Z  I  O  S  O  P  F  S
G  M  M  Y  C  V  M  T  T  M  E  Y  N  H  K  N  F  H  Q  N
A  M  G  W  F  U  A  W  R  S  I  G  N  P  R  W  N  D  N  I
S  E  C  R  O  F  J  Z  L  O  R  G  S  M  G  B  N  E  O  X
V  X  I  L  M  H  E  B  R  D  O  F  Q  M  P  S  L  T  S  R  V
R  U  P  B  Z  D  S  A  R  D  E  L  E  V  A  R  T  A  L  V
L  O  Y  B  M  V  T  F  O  U  D  H  T  R  Z  A  J  E  K  I
C  X  O  Z  R  A  Y  M  E  Z  I  N  G  O  C  E  R  L  W  G
C  L  Q  M  O  H  L  Z  L  T  N  P  R  M  K  D  G  P  I  P
```

Word Bank

1. mayest	6. becomes	11. room	16. carefully
2. cross	7. smitten	12. forces	17. friends
3. threw	8. realize	13. suffering	18. covering
4. instruction	9. majesty	14. form	19. spiritual
5. recognize	10. seeth	15. pleased	20. traveled

57. <u>JAMES 1:6</u>

BUT WHEN YOU ASK, YOU MUST _____ AND NOT DOUBT, BECAUSE THE ONE WHO DOUBTS IS LIKE A WAVE OF THE SEA, BLOWN AND TOSSED BY THE WIND.

```
U S G X Z U N S L T V Y R D D S Y N N H
R B B F K I Z Q T U Q Z P E E M R R Q H
Z O R N R E T T I B Z Q D N I U K D R C
T R E V E O S O H W I C P O D Y J M Q A
X Y V R J O I N E D E H A M R W X M K P
E V E A T I N G M Z K L D M F U V D F T
Y A R E J H W Y X W F D L U I V C B L U
C D O G P L J X L L E O S N F I Z E R
K E F W O R V N W I D P P H A D G G E E
W L K Q A D O F O Q X A E P L D P I A D
S F Y E V R P Z I Y M R G J L X A A G G
Z L S M T N F V I E U T U L Y I U D I S
C D N H P X T F G V B I E L U U D Y M N
U E O S O Z J K D V M S O L R F Z L N W
E V I F C X Z D P A W X B H J F G X T A
A R T U E H F J P B P K J I H I V N V E
H E C I M F L G O A G R P D U Q D O S S
T S A C J D F O I D V J J A Q I I W T Z
W B P U D G V G N A D L C V I E D M F A
Z O A X U W K S T M Z F G D X D R K S A
```

Word Bank

1. pain	6. paid	11. bitter	16. summoned
2. flee	7. north	12. joined	17. captured
3. early	8. actions	13. eve	18. observed
4. forever	9. finally	14. depart	19. whosoever
5. adam	10. eating	15. point	20. fled

58. <u>PROVERBS 4:23</u>

ABOVE ALL ELSE, _____ YOUR HEART, FOR EVERYTHING YOU DO FLOWS FROM IT.

```
O G N I V A E L L R E D N O W J Z K T W
V N K R K X D Z O S E B U I F R N U R R
W J V E H P W C U L T H O U G H T S I P
P V V P S S Z N Y X E G T H N K W M A E
J S G O A R I G T F E U N Y K J W A P R
H K J R V W U N Y E J N R I O O C S E T
Q K Y T C I E O U P M T I C T K G V J K
W B M E Q W R L C P T P S V I S E C C M
B D M D M X B M S R P M Q V I A E W H J
L U A D O C I M I J S G S F L D M R S X
Z Q E T W D F E J M N H S E V V E X R W
U V F N Y V D H X I Y T D N G P K O E M
O I B T X P M E V S O Q N D R L T E D C
C S P A H K A O Y P N H J E S X C O L T
B I V V G S L O P X E E I R U R V E E X
L T D V P D I E K S A S J E Q D C E Q Q
A X Q U L E D N P L G U R H R W N A Y V
K M C Y R S F O N L M H K T G L R J A Q
X Y L T S E N R A E U O U A C L F V K C
T N G E U A L B F L D L T F A K U P W G
```

Word Bank

1. revealed	6. course	11. reported	16. leaving
2. fathered	7. sun	12. wonder	17. stopped
3. slew	8. tried	13. earnestly	18. resting
4. visit	9. loving	14. thoughts	19. punish
5. sinned	10. divine	15. cruel	20. elders

64

59. JEREMIAH 33:3

CALL TO ME AND I WILL _____ YOU AND TELL YOU GREAT AND UNSEARCHABLE THINGS YOU DO NOT KNOW.

```
W H M A J T N O J O M B P X U C U M W F
B T O Y A H O Q Q V S K V S H I L B D E
A I X T S K I V T V L E K P X A X M U Z
B W Q U A W G D R Z Q U N A B L E D X M
G X O V T X E H E R J B X O M A V K Z D
S O K L L Z R A J C E M R R V U J I I C
I W K Y O Q V K S O I P A T R Y Y Y C R
G D E G N A H C O E A S S S T P I A G V
I W G G A Q L R K X Q U I N Q E L O P Y
F H G N Q A N C V T Z T T O U R P J M T
J M N I R P Q D K P K V E O N I G O I R
G G I L V T S O Y E F I L L F S G L N X
N I R L V E O M I R Q P V E U H P C D P
I W E A T B C U J F I F H T G Z B W S U
T S W C R I L Q I U K H V O N J G U P B
T Z S Q O I A V J M F K M N I I S C X B
U Q N L P R N M X E Z D N T T W S W N Q
C V A T P N S D E L I F E D I J X T L D
A E U U R K Y S Z E M B J R C H S H W
E J Y W S B M F W T B D V V W U S T R U
```

Word Bank

1. note	6. support	11. writing	16. perfume
2. unable	7. perish	12. changed	17. defiled
3. labor	8. book	13. decision	18. clans
4. fill	9. due	14. region	19. cutting
5. answering	10. try	15. calling	20. minds

60. <u>PROVERBS 27:19</u>

AS _____ REFLECTS THE FACE, SO ONE'S LIFE REFLECTS THE HEART.

```
M X L N Z P T H R O W E D M V N S U Q P
O A C G D E L L I F L U F G W D E V R R
F S I H H S O V Z V R L T S C V U K E I
T G B C M O F F E R I N G D E Y B E E C
R X E Q K X K C A F G B V R U G Z R N E
G B C F J V Z H G T F D L Y Y K K I V I
C T I X E Q C R H B C A T F C X I M L T
A N O J I R R T O I S E T C X V A U R I
Z O H X G L L U F T L H S K W R D O G D
L X C U K A N D I R W A U T R A P I F L
Z Q G K E D E N F P A T D I R E L X C G
X O J H J R G A L L Z E E K R G N W U Y
R K F N U T I D L D K D N F G Q O G C Z
C K H O V R K E E W Y E B U R F I Y Z F
N R P R O X A F U Z S Q M Q B L T Y N I
J N O I T S E U Q S E L U F E R A C Q W
S S Y U Y F B W S O K I L U A O L Q J R
H A R M N D D X D E N E P O X E B O W Z
J H Q A F P Z L P H R Y X B S I O S I H
T V T P K X V U E A L Y I M X X K Q D Q
```

Word Bank

1. darkness	6. question	11. report	16. offering
2. health	7. harm	12. dust	17. poured
3. hate	8. married	13. oblation	18. choice
4. careful	9. throw	14. price	19. opened
5. fulfilled	10. fair	15. bound	20. everlasting

66

61. <u>1 CORINTHIANS 16:13</u>

BE ON YOUR GUARD; STAND FIRM IN THE _____; BE COURAGEOUS; BE STRONG.

```
J  A  C  S  S  R  H  W  N  I  U  R  Y  M  O  N  T  H  L  C
L  P  E  R  J  P  E  A  S  S  E  G  O  N  G  Y  D  D  V  T
U  F  Y  E  Y  A  O  I  X  N  D  H  Z  Z  A  O  X  M  B  L
O  T  X  T  N  S  Y  K  G  W  W  C  R  M  C  L  S  A  I  M
A  N  M  A  D  S  D  K  G  N  V  O  P  E  W  L  P  P  H  Q
S  E  D  H  F  I  U  R  N  H  E  H  H  B  M  M  S  E  B  M
S  M  H  U  K  N  E  I  P  R  I  D  G  S  L  P  T  U  P  U
E  Y  L  K  J  G  O  H  V  C  E  F  F  E  C  T  Z  U  T  Q
M  A  O  D  N  J  Y  U  R  G  Q  C  X  Z  Q  R  D  H  W  Y
B  P  L  L  W  A  T  C  H  I  N  G  R  K  K  R  A  P  I  M
L  A  P  T  U  O  G  F  E  H  I  W  Y  K  Y  H  K  Z  C  E
E  X  S  Q  L  G  L  Q  K  U  Q  D  N  U  X  A  H  I  M  W
D  Z  P  L  K  S  I  D  E  S  F  K  L  K  C  R  B  D  J  J
N  H  A  X  P  I  D  W  Q  H  Q  Z  X  X  U  V  N  D  Y  I
C  J  Y  L  V  F  J  P  Y  H  T  S  O  L  C  E  X  N  T  I
A  D  R  O  H  O  Z  H  A  R  O  A  D  R  R  S  H  A  I  J
Z  A  X  S  U  A  A  A  A  F  I  C  P  L  D  T  C  B  G  A
N  I  S  T  W  V  H  A  X  R  Q  X  P  D  M  M  I  S  F  X
D  W  N  P  W  F  M  P  A  B  U  N  D  A  N  T  R  U  W  P
I  J  R  G  W  Z  J  H  Z  J  Z  M  H  H  H  H  T  H  R  D
```

Word Bank

1. harvest	6. plan	11. payment	16. haters
2. sides	7. month	12. ran	17. abundant
3. reigned	8. path	13. effect	18. watching
4. lips	9. ruin	14. ox	19. husband
5. shown	10. lost	15. passing	20. assembled

62. JOHN 15:13

GREATER LOVE HAS NO ONE THAN THIS: TO LAY DOWN ONE'S _____ FOR ONE'S FRIENDS.

```
X N A S H O W E D M P T U A S B I C T F
I N C E N S E G N X J B Z F T J U C G E
M O Q E G C Y W N U N J A R O V J A B M
U W B K C Y G S Q I D K R O J S M R A A
U R O Q U A Q H K C S S E G A M I S S L
K X F R I U K V R T K D A C C N X Y Q E
G M C N D Q I Z Y I M R R Z I P P N C W
K I D O B K D M Z P J Z P E Q Y R W N N
L D G E Y U Z I S M L F R Y R Z A O I J
I O J N T A W G X Q U E L O S E C R L U
P H E T I N L Y W Y H M M Y U Y T H C D
T U Y H H W A S A W Z E Y S O A I T O S
B F Z N E U O W Z X M R G F I X C B M E
Y T U M T T K N B B E N I F R G E X M R
Q M T T I C Q M K E R L H O J N X U C
Y O I T U W W V J U S N M R L H H Q N D
F J M D V R J L F H C I M O G J M M I M
C A M U Z G E J F H E F D Q U M M M T X
R M O X I A E A A L H A J E I C S W Y U
R S C F P Y W W P L X B R C S P M Q O B
```

Word Bank

1. showed	6. sing	11. future	16. gain
2. besides	7. commit	12. practice	17. arms
3. slay	8. wherein	13. sign	18. thrown
4. female	9. knowing	14. memory	19. community
5. images	10. wanted	15. incense	20. glorious

63. <u>MATTHEW 11:28</u>

COME TO ME, ALL YOU WHO ARE WEARY AND BURDENED, AND I WILL GIVE YOU _____.

```
F E C O D A M V D N E S K F P H R W M M
H G R R D I V G S W X M E I A A E A D N
P Q Y A K C V U M Z S X E G T B M S M A
E U R E Z P E R S O N S W G N G R T K A
V D U S D M F S D B U O P G D T K O E H Z
L Z F H I B E N E A T H J R T Y F W K X
E X B O G M B P C A W O O I N L H K S B
W A L L E Q O C A M H Q Y B P W W A P
T H Q L R U O P H Z S S E V I W Z B
T Y V M S T A R T E D E Q X U X A D V W
R D C R K D T E M Z R H O X M F E E O B
Y N M H U A T T I F E L F P M W H K C U
I G X R N V C K O F P V G D O E D F H T
N W B S I J W R I J S Q U L M G A T E S
G K O Y A N M S B I X W L R N C L I D W
N H W J T T S U F H D A O L K Z D I M Z
O U I F P N B Q U I E T J N L V D U N C
H J M C A R T T L Y Y N W N K N G M B E
G P C H C E I S F E R Q C C I L B U P J
E D I H P Y L Q Q H G H W H H W P W I H
```

Word Bank

1. quiet	6. captain	11. met	16. hide
2. pour	7. beneath	12. public	17. trying
3. persons	8. knows	13. short	18. line
4. fury	9. former	14. allowed	19. started
5. gates	10. wives	15. twelve	20. perform

64. PROVERBS 11:25

A GENEROUS PERSON WILL _____; WHOEVER REFRESHES OTHERS WILL BE REFRESHED.

```
Q D E G N I N E V E T M D J B G T Q X B
L U B N X W J Z C E Z M S S F H O K X W
G R X P I X Y N K N D P O D P E X A Q W
H F N F X P R A M G D P X G F K W U C V
B C J G R Z W S Z I G E M Q V C M C D S
K D A V H R P I I E H V T J Y O N D A V
C Z T S I E X Z L R Q N K C T R D J T N
F Y U S A O M A D O S N P M A G K U K Y
V L I K W A N G H F L S E C A F Y I C C
X N S F O O O T L K J F X E G C Y W T Z
G I K R I Q J S H E N D U R E U T C R C
I B Y N E K D R J N S D J M L U E U I D
S I T O C E E M A T T E R S E O Y R R E
Z E W V B Y T F E D I V I S I O N U X R
D F S Z H G U X X E K J N T T S P N D I
P W E L K C O I I X J Y N A O K V N Y S
B I Y B E G H Y L F E F K X E I M I J E
M J O R T E S B E F M J E M D N W N D D
X O O R D V P B Q F V N N Q B Z J G D Z
T X V W S E S I W R E H T O Z C N W Y Z
```

Word Bank

1. anointed	6. foreign	11. acted	16. speaks
2. rock	7. sleep	12. skin	17. rising
3. faces	8. division	13. matters	18. desired
4. endure	9. few	14. shouted	19. running
5. evening	10. exile	15. oxen	20. otherwise

65. MARK 10:27

JESUS LOOKED AT THEM AND SAID, "WITH MAN THIS IS IMPOSSIBLE, BUT NOT WITH GOD; ALL THINGS ARE _____ WITH GOD."

```
Y U C Y V H I F W K O S E I R C U O C L
G Z O N C H Z R I J I U Z D G J Z Y Y F
S D R A W R E T F A L K A F L X J A G S
V S C J M V U C I D U H W I L A H H V K
N Q C I O O C G E N M A T P Z B T N N N
I C A M K J R H L I S T E N E D N O A A
Y M B E Y G T J L I F E P E A G C Z T H
Q O Q X P O S F H C U G F C T H R P M T
H B W J L U G W T D J D Y N D O O G C M
O G Q C S F W D Q O Z E Z E G O N Q A T
L W P T E Y U S E W E R D D I T O P P E
T U A N L O D D H G D B I C T S R T D
S F D W U R S K M Y U E C F A L K I I I
D E L Q T O A I Q O U D R N W Q N S V B
D W H M T Q L L O U U R C O S Y I O I A
C K G G K I R R U T O O E C L J L N T K
Q S Q Y T Q C X F H Z C D P A A Q E Y S
P F A A I V C O Z B E E E Y R F M R B A
X A R W T I X W E R G R W U G C W S W W
I Y M R C E B O A I W J G L E H S S W U
```

Word Bank

1. captivity	6. move	11. military	16. cries
2. edge	7. thanks	12. ended	17. reply
3. sort	8. listened	13. recorded	18. confidence
4. abide	9. youth	14. grew	19. afterwards
5. drew	10. total	15. clothed	20. prisoners

66. 1 JOHN 4:19

WE _____ BECAUSE HE FIRST LOVED US.

```
T O N S M K B H E U J R A T Q S S P E O
I X R T N A L Z C P K N I W L O V I N G
C E U H Q S E C A E N F A E G Q N K O D
O F D R U L I N G J E T A D V A E A U E
X B C A M Q N W G T L P C L Z V R K Y L
K D W N X V Y G T V O E S Q V M C Y H I
D P L D C J T P D M U L B J E X A J H V
E N O E G K W I Q C P D Q D Q B K Z U E
I W U K X K I T B Y N Y E B S G B F R R
F T R U E S T Y G P N I D R P J U J J A
I M S V M Z T K N O D E H C E P N F W N
R E E F P B U S I N E S S T J T T K F C
R T L K T G H R V N O M M O C Y T N X E
E F V V Y N R M A B D E W O B J R A K V
T S E I Z E D O S H P W E C K A P B C K
I X S Z P U H K U M H U T Y E D V K I S
K T Q Z T V K V X P L Q W L F D C H M Z
G L D V G Z M X O A U M H D E K R A M F
C I G B D U O E V P D T T A T R P G H Z
Q C B G D A F K Y T S R E N G I E R O F
```

Word Bank

1. saving	6. ourselves	11. speech	16. empty
2. scattered	7. marked	12. bowed	17. deliverance
3. common	8. armed	13. ruling	18. terrified
4. group	9. value	14. learn	19. business
5. seized	10. loving	15. pity	20. foreigners

67. <u>MATTHEW 19:14</u>

JESUS SAID, "LET THE LITTLE _____ COME TO ME, AND DO NOT HINDER THEM, FOR THE KINGDOM OF HEAVEN BELONGS TO SUCH AS THESE."

```
L  V  A  L  S  C  E  D  N  X  U  Y  A  T  A  U  G  H  T  G
I  X  B  Z  P  T  F  Q  I  W  L  U  D  S  F  S  J  C  Q  C
E  F  V  V  Z  L  A  J  M  N  C  S  Z  U  X  F  A  S  S  F
O  J  C  S  V  S  C  N  G  D  C  F  J  S  N  G  U  E  M  E
T  C  E  J  B  O  Y  N  D  N  U  R  M  Z  V  L  R  I  U  E
E  U  R  X  I  W  I  P  P  S  P  F  E  M  W  V  V  M  S  E
J  D  Z  X  Z  S  P  K  Q  B  B  Z  T  A  I  O  D  Z  I  G
H  L  R  G  U  B  I  L  C  T  W  E  V  N  S  K  M  P  C  K
D  A  J  D  E  V  O  L  E  B  B  R  G  I  C  E  T  R  D  R
E  N  U  I  Z  S  X  G  D  J  X  L  O  M  F  K  D  Z  N  V
T  Z  C  O  N  S  U  M  E  A  K  P  R  U  J  S  Y  I  L  L
E  S  E  C  U  R  E  Y  W  N  U  T  T  E  G  D  U  E  T  J
L  X  S  J  M  N  U  F  M  T  R  H  P  Q  N  H  S  L  J  A
P  B  O  W  C  N  T  R  T  T  E  O  L  G  C  T  T  S  W  L
M  Z  O  N  H  S  R  E  X  N  W  X  B  P  A  H  K  K  H  O
O  Y  H  M  A  E  T  X  S  E  G  C  N  B  X  C  J  X  E  U
C  U  C  J  N  H  S  P  F  E  J  O  L  F  O  Q  Q  H  Z  D
V  L  V  R  G  C  Y  B  O  P  Q  I  M  L  J  Z  L  R  E  P
T  O  K  L  E  E  Q  Y  E  U  S  A  F  D  Y  Y  H  T  P  N
F  G  N  I  Y  R  R  A  C  H  W  G  F  E  J  W  W  L  W  A
```

Word Bank

1. secure	6. taught	11. choose	16. using
2. born	7. carrying	12. putteth	17. consume
3. music	8. beloved	13. establish	18. wrought
4. change	9. increased	14. stands	19. serving
5. flocks	10. aloud	15. object	20. completed

73

68. <u>PSALM 73:26</u>

MY FLESH AND MY HEART MAY FAIL, BUT _____ IS THE STRENGTH OF MY HEART AND MY PORTION FOREVER.

```
I  H  E  J  Y  B  M  P  P  G  K  E  N  W  W  A  A  O  N  B
K  E  T  K  L  A  W  U  R  E  S  T  O  R  E  V  Y  Y  T  A
J  I  I  H  X  G  J  F  K  C  P  G  V  C  U  M  S  N  B  X
O  X  S  C  A  S  H  A  K  I  N  G  N  A  K  I  A  E  M  Z
T  T  O  A  C  A  F  M  G  K  L  A  C  A  H  G  I  Y  W  F
W  A  P  S  T  K  O  L  M  C  R  G  L  L  L  N  X  N  H  Z
H  M  P  S  B  X  M  A  J  A  O  R  K  I  G  I  Y  P  E  C
O  G  O  S  A  P  A  S  E  U  Q  G  B  S  A  R  P  C  R  T
M  A  V  M  S  H  C  P  W  G  G  R  A  V  E  P  D  S  E  S
E  X  T  Z  R  E  P  H  S  H  I  A  K  E  C  S  T  C  W  N
Z  D  L  E  X  A  P  D  S  T  O  G  M  R  N  R  D  R  I  I
Z  K  T  K  R  T  E  A  D  I  I  I  H  Z  E  Q  V  O  T  A
V  P  R  S  I  G  V  C  R  C  F  S  G  T  I  L  G  L  H  T
S  O  Y  G  N  Z  P  U  Q  A  P  P  E  A  R  C  M  L  O  P
R  J  K  O  Y  C  Q  D  M  U  T  A  A  J  E  L  P  T  K  A
R  M  L  C  E  A  S  E  C  S  B  E  Q  C  P  E  A  C  W  C
A  E  G  W  J  P  F  I  X  E  P  Y  Y  X  X  R  Z  F  X  J
B  J  U  S  S  A  E  S  P  S  O  Z  L  F  E  D  S  G  W  M
H  U  H  P  O  Y  I  U  O  H  Z  N  B  H  U  O  Z  O  I  C
Z  R  P  H  K  Y  H  N  B  M  F  M  H  Y  Q  F  I  Q  W  N
```

Word Bank

1. shaking	6. experience	11. appear	16. opposite
2. appearance	7. fish	12. spring	17. belonged
3. ate	8. cease	13. scroll	18. separate
4. causes	9. grave	14. psalm	19. restore
5. wherewith	10. captains	15. caught	20. beings

69. 2 TIMOTHY 1:7

FOR THE _____ GOD GAVE US DOES NOT MAKE US TIMID, BUT GIVES US POWER, LOVE AND SELF-DISCIPLINE.

```
L E W E C A S S V G W G S T R O N G D C
V T G M R I F J A Z B E W D O B H W O Y
K Z F A F F X A V W V I S X A G G C Y U
W I G Z B U J N R M K I N T O O C H D I
H E D I V O R P I F S T A T U T E S L V
A C P P O U X B D O K O S Q M U R V D X
T N C T I W F Y J B J I I U G X E C T A
S T D Y P G Z N E C E S S A R Y I L U Z
O S L N J W N O V K I D I X L Y K D J S
E D L L G K M I X K C Q M H A P U V D J
V D C C A U F O R O Z Z D N E I R F E U
E R N G P C H T M E P L A N S U W Y C D
R E T A F O A M K S T N B F A C V C I G
G A N X L I A A E K B N U W S H C M D M
F W O C M N M M W G K L E G R D D F E E
K J K E D C A E U B X N F U L U D K D N
Q E A E Y N H D M L Z C L H Y W Z E F T
E N R O P D S C O B K E K U N E Z Z U S
K G W H R I S E N B D H I D O P D Z R E
T E F X T G N J D Z X K Y C W D G U D B
```

Word Bank

1. firm	6. strong	11. age	16. risen
2. plans	7. provide	12. commander	17. whatsoever
3. join	8. decided	13. names	18. statutes
4. necessary	9. ruled	14. mean	19. west
5. entering	10. fate	15. friend	20. judgments

70. <u>PSALM 150:6</u>

LET EVERYTHING THAT HAS BREATH PRAISE THE LORD. PRAISE THE _____.

```
J  R  Q  U  K  C  Y  R  Q  I  P  N  Q  O  X  S  E  G  A  K
D  H  Q  B  R  X  G  E  N  E  R  A  T  I  O  N  S  M  W  O
E  E  D  M  W  L  R  M  X  Z  E  P  L  J  J  D  I  C  D  F
M  S  R  Q  E  B  C  A  E  E  O  C  R  C  Y  J  L  C  B  V
I  C  G  A  F  Q  G  I  Y  H  T  G  N  E  L  L  Q  J  W  M
A  D  N  N  E  D  L  N  T  A  N  M  E  R  M  U  F  H  Y
L  Z  Y  T  I  F  I  I  Q  Q  X  D  M  B  Q  Z  O  L  F  B
C  L  Y  N  F  D  F  N  M  Y  B  E  B  G  A  R  M  E  N  T
O  A  Y  K  Z  E  I  G  D  P  J  V  B  K  M  G  J  P  U  M
R  V  Q  T  E  C  B  T  L  G  W  I  M  I  P  C  S  R  V  U
P  I  C  D  K  W  G  E  W  U  Y  R  U  H  I  L  U  O  Q  G
E  T  A  G  G  N  M  N  T  Y  E  D  H  C  J  I  O  P  A  U
J  S  L  S  N  J  Z  Q  I  U  N  V  L  D  G  F  R  E  G  R
D  E  A  U  Y  C  B  V  O  R  C  E  N  G  A  T  E  R  A  K
Z  F  M  O  P  H  S  Q  O  O  A  E  Y  I  G  I  M  H  D  K
Q  Z  I  I  K  R  M  T  M  V  S  E  X  K  D  N  U  W  S  U
E  U  T  C  O  E  R  T  L  D  M  V  B  E  A  G  N  X  T  D
D  L  Y  E  A  C  T  X  E  M  L  O  C  M  N  J  E  A  M  P
P  G  L  R  Y  G  D  E  N  E  K  R  A  E  H  E  W  X  O  U
G  O  T  P  T  K  W  L  T  Z  Z  Q  J  H  Q  S  Q  X  Q  J
```

Word Bank

1. lifting	6. garment	11. remnant	16. proper
2. length	7. ages	12. drive	17. generations
3. hearkened	8. feared	13. calamity	18. numerous
4. precious	9. execute	14. festival	19. tidings
5. feed	10. remaining	15. proclaimed	20. bearing

71. <u>PROVERBS 21:21</u>

WHOEVER PURSUES RIGHTEOUSNESS AND LOVE FINDS _____, PROSPERITY AND HONOR.

```
X  I  S  S  E  L  H  T  R  O  W  B  A  Z  J  R  S  L  M  D
W  G  J  P  V  G  T  E  N  N  W  F  R  X  L  R  T  Q  V  E
C  L  E  C  R  N  W  K  O  H  J  S  E  A  G  L  N  H  S  T
B  V  I  X  R  E  W  A  E  U  T  N  D  Z  S  S  E  F  C  E
E  U  G  N  O  T  T  R  U  Z  I  W  V  T  R  S  D  R  V  S
C  Z  Z  I  H  H  E  S  Y  V  N  T  R  B  M  E  I  N  X  T
S  C  H  E  K  V  N  X  I  O  I  S  Z  E  G  H  S  P  S  A
I  L  V  J  E  Q  D  R  I  N  K  I  N  G  K  M  E  V  K  B
P  P  A  R  G  E  T  S  Q  N  I  Z  B  Q  P  V  R  A  Y  L
P  D  X  X  B  F  U  C  H  O  W  M  U  B  G  W  C  S  V  E
L  E  R  U  E  K  N  W  A  R  D  N  R  Q  R  V  L  K  O  Y
S  B  H  E  S  Z  F  L  X  B  B  A  I  Z  O  A  X  K  K  U
Y  F  B  S  L  I  Y  Q  K  U  K  G  E  H  U  B  D  T  Q  J
K  L  A  K  J  E  E  A  R  B  N  G  D  G  W  N  T  P  A  A
E  G  N  I  T  S  U  G  S  I  D  W  H  R  E  X  I  A  M  E
I  J  L  T  Z  A  C  T  I  N  G  T  B  R  I  C  O  G  C  A
M  Q  X  J  U  W  S  O  F  M  E  A  A  T  Z  U  L  R  B  U
Z  J  G  Z  Q  Y  Z  H  S  R  G  W  D  F  L  N  T  A  Q  V
X  Q  G  L  U  R  K  A  E  C  A  Y  F  I  H  I  O  S  Z  F
D  S  A  C  C  O  R  D  A  N  C  E  N  W  X  H  U  S  W  E
```

Word Bank

1. drinking
2. acting
3. buried
4. heavy
5. vine
6. minister
7. worthless
8. feeble
9. brass
10. gets
11. aware
12. disgusting
13. grass
14. residents
15. bed
16. tongue
17. slaughtered
18. wherever
19. accordance
20. detestable

72. <u>PROVERBS 22:6</u>

START CHILDREN OFF ON THE WAY THEY SHOULD GO, AND EVEN WHEN THEY ARE OLD THEY WILL NOT _____ FROM IT.

```
S  L  D  B  Y  M  Q  K  P  M  V  L  J  R  J  L  W  P  V  O
V  X  T  O  T  R  N  A  S  W  A  I  S  C  S  L  Y  N  D  P
Y  O  O  B  H  P  Y  N  M  W  T  H  B  Q  N  A  K  E  E  P
J  D  E  F  E  A  T  E  D  S  M  Q  X  D  S  Y  I  I  M  R
R  W  R  N  K  U  E  Y  I  Q  O  C  U  E  Z  E  Z  G  A  E
O  P  R  A  T  Z  X  N  Q  S  E  E  S  L  Q  O  U  H  H  S
P  Y  T  I  N  N  O  C  E  N  T  F  C  T  T  Q  W  B  S  S
G  P  O  I  T  I  P  M  B  F  T  M  X  T  C  R  N  O  A  E
P  V  S  E  R  H  W  S  B  Q  M  G  O  E  D  E  R  R  J  D
L  A  H  I  C  E  I  R  U  D  L  T  P  S  L  T  K  H  H  T
E  Q  L  W  L  E  G  C  G  Y  K  N  Q  A  E  B  J  T  J  S
H  S  Q  M  B  E  I  N  K  D  J  X  O  E  A  F  N  K  E  Z
H  T  O  A  R  H  N  P  A  Y  G  X  W  L  C  W  A  N  T  S
B  O  E  X  H  D  D  T  N  D  N  S  S  O  C  N  V  F  J  X
C  O  L  S  K  N  B  S  F  I  Z  V  L  A  L  Z  H  C  F  V
B  T  R  P  I  K  T  H  L  D  E  T  L  A  X  E  L  M  A  H
K  D  B  I  R  R  Y  G  J  L  F  J  Q  M  I  A  C  E  A  L
T  S  L  P  B  O  K  G  C  K  I  B  G  D  N  C  I  N  R  X
Y  O  J  E  E  D  U  Y  Q  U  K  H  E  R  U  F  L  Q  S  I
P  R  O  F  I  T  I  D  Z  F  V  B  A  L  U  E  R  K  N  R
```

Word Bank

1. innocent	6. red	11. neighbor	16. riseth
2. hills	7. danger	12. wants	17. thick
3. sweet	8. proud	13. exalted	18. defeated
4. settled	9. piece	14. profit	19. silent
5. clan	10. sees	15. ashamed	20. oppressed

73. 1 JOHN 1:9

IF WE CONFESS OUR SINS, HE IS _____ AND JUST AND WILL FORGIVE US OUR SINS AND PURIFY US FROM ALL UNRIGHTEOUSNESS.

```
T Y G A E S A E L E R Q Y I O I O Q X X
A V K D M Q L B C O N D U C T N V F N V
A S L I R P J M K E N Y N G N A R Z A Q
S R T U S T M Z N W R R I O X H T J B
A M H P U O V E U K L A I D A T Y A E K
B D G K M W H C T B N M H E T V Z Z S T
B M U E Y O T I W T M Y P C G Q J J R
A A N Z X V E O E L P U A R F W Y F I E
T T B Z S X T D B I Q T X O B Q X C W P
H E L R B A I D F V A F X F G F H G D N
D L D T O J M R Z E U N U X M E U A I K
D W E N C N S J T S Z R N T S T C J Y X
R H C E S V Z X V T K C G O H X P F E P
O K I R F V E X O H S E Z U Y F S A O
C K S E E R O T S C D G D Z M N D X V T
E T I F G V M F T K O O Q W E J C W K X
R M O F P S A M R A W M F R E L V E C E
K W N I G R V P T S D Z V J S L L F D K
T Z S D Z O A S S B P R O V I D E D A V
Y R M T X S V M N T T S T I R I P S S K
```

Word Bank

1. livestock	6. goats	11. moment	16. vain
2. different	7. forced	12. smiteth	17. record
3. store	8. riches	13. sabbath	18. decisions
4. granted	9. bronze	14. announced	19. conduct
5. spirits	10. seem	15. release	20. provided

74. <u>PSALM 147:3</u>

HE _____ THE BROKENHEARTED AND BINDS UP THEIR WOUNDS.

```
V Y M J Y V S P T F S E P V I S I O N I
W T P J T L I I N Q H G S L X H B P Q A
I G L F U F K T A I R T F S K G A O A N
O E U X D Y H Q L B I C S P H F R R F X
N L N W E P M M P B G J Z L L E E N J P
P Z D I P M R B U A N G F A J N G L N E
L G E U L F U C O Q M B A E I W G I E V
F V R B A U S A F T N C C G T A A J D I
S G H T K A K M P O X T P C D G O V P T
S F Z E E R C E D N E N R W Q G V W O P
E I X P A O E X L D K A A U D N H V B A
R S S H R L P T R E A T C D Q I L R V C
E T I T X O E P Y A H V T Q G W Z Q M P
H R C T E C V D T F I W I Q N O C B Q F
W A X Q B R I E U A Q F C S I L J U L Q
Y N Z Q L R S D J B N M E J V F C E D E
R G R L X B T Q X W A Q S N O J S C V A
E E F M A V L C O J A H P S M R Z R F N
V R J I F A H L H Q Q A T I E B B B Q X L
E G K W H G B E Y E V X W H R P D F O B
```

Word Bank

1. moving
2. flowing
3. plant
4. treat
5. cubits
6. rejected
7. eye
8. healed
9. sisters
10. duty
11. blow
12. vision
13. practices
14. prove
15. stranger
16. decree
17. plunder
18. herself
19. captive
20. everywhere

75. HEBREWS 4:16

LET US THEN APPROACH GOD'S THRONE OF GRACE WITH _____, SO THAT WE MAY RECEIVE
MERCY AND FIND GRACE TO HELP US IN OUR TIME OF NEED.

```
D Q L B F F I E F W T H G I E W V T U C
C B X Y L O L B B G A W D R Y Z Q I Y J
Q R N M V G N O V M U Q N M M S K L E W
P F G I N H E R I T H K J N I K S M Q W
U R O Y G A W E D M N N J N Z C R T P E
A J E R S Y Z E E R N N X N T P F L J
I S P Q T G V X U V P E I A N G Y G L A
E G N F K Y E J B H R I L A X Q V C D Y
H N G U T Y S V S D I H S R F G D L U
S I R L T T S O N R M I P S J H G S D G
N K I S L W E D W S O E H W R Y Q X O S
O N M P H I L L A F F B Y K A O F G N Y
I I Q L O D F R R F K O F E F D W S H L
T H R X H L L D N R R L M U E X G S N
A T G Q S W F S U D D B T R X T T C P M
L L H V E X K I V F I B B T X L A A O E
O S R E S C U E D S C X I P J P T X R L
S Q U C B L L V S H Q E A F M L U Q C O
E B H Z I J L O F K D H B T S D N I K S
D V S H Q E P E B D M E N V T Y X C S B
```

Word Bank

1. possible	6. weight	11. add	16. crops
2. rescued	7. drawn	12. fulfill	17. thinking
3. kinds	8. rain	13. solemnly	18. inherit
4. vessel	9. view	14. worshiped	19. forty
5. robe	10. horses	15. sinners	20. desolation

76. <u>PSALM 119:105</u>

YOUR WORD IS A LAMP FOR MY FEET, A _____ ON MY PATH.

```
R E S T E D H C W H V O R F H S Y M C X
X E W G N G R I V A S T Z A N A S O R K
L P P T L O U M G H B W H R G M W W T
R O R E Y D I W O S W A B Z P F O E F Z
S L V O G C K T P V I H U S O M Y X B J
W U P F T U H Y C S A K N R Y P R N G Z
M T I A T E F D F I W F T I I O O X E X
E S A S O P C E R Z L U B H T A T R F R
D P W A Y A K T R I A F P U O A C N A W
E O B T L H S I V Y V Y F Z I X I K I G
S I L I L Z N N M I T E Y A H N V I T B
C L Y S E R W R L M Y E N V R H I D H X
E L Z F D B U D G N I H C A E R P W F N
N Y Y I N H P O R P M Y B I N G U Q U X
D Y L E A T J D V I P P B G I R D E L R
A B F D B V Z P M E A Q W M C W D L N W
N J E I T L N A W C D H N V H D E W E H
T V T X F A E J T W J Q I I T X U E S R
E R M L M T K E X E C U T E D Z E M S E
E V L I E T Y A I T B Z A C Y Z R M F Z
```

Word Bank

1. band	6. spoil	11. driven	16. preaching
2. protect	7. faithfulness	12. devour	17. descendant
3. victory	8. fifty	13. vast	18. affliction
4. hid	9. hair	14. rested	19. executed
5. comfort	10. favour	15. refuge	20. satisfied

77. <u>PHILIPPIANS 4:13</u>

I CAN DO ALL THIS THROUGH _____ WHO GIVES ME STRENGTH.

```
O  F  P  X  M  H  Y  S  A  S  P  I  H  S  W  O  L  L  E  F
N  A  U  T  E  Q  M  S  A  F  L  X  S  Y  C  D  X  B  F  X
R  B  E  L  I  E  V  E  D  V  M  T  N  H  A  D  T  J  D  P
Z  T  S  U  A  L  R  D  E  U  I  D  L  X  L  H  C  K  A  V
W  J  E  Q  G  L  E  Z  N  Z  S  O  H  I  G  F  T  C  F  E
N  H  M  O  Z  U  Q  C  R  L  C  N  R  U  J  H  E  Z  M  U
D  O  Y  K  Z  P  U  F  A  M  V  B  O  D  S  M  U  R  K  L
E  J  B  F  F  F  I  N  E  S  G  A  J  D  O  O  V  Z  I  S
D  K  G  E  P  V  R  R  L  X  R  K  E  P  T  E  U  V  W  V
N  G  K  F  Y  J  E  E  J  A  G  D  D  R  S  X  E  L  Z  C
E  T  D  P  L  E  D  A  L  E  D  R  E  A  T  T  J  E  S  M
C  C  C  L  U  N  D  L  G  A  W  D  X  Y  H  L  R  E  V  H
S  U  U  J  J  A  F  I  Y  S  B  E  Q  E  C  Y  L  I  A  D
E  P  R  D  W  C  U  Z  W  T  S  S  D  R  W  P  L  S  H  Y
D  M  D  C  I  H  S  E  T  D  S  I  X  S  P  L  K  O  T  B
H  M  D  N  W  S  D  D  A  G  L  A  M  X  D  I  M  D  X  J
I  G  G  N  H  I  T  W  Y  U  X  R  M  Z  U  E  R  A  E  T
C  P  Y  W  R  V  A  A  L  O  I  P  S  G  S  L  H  B  W  G
R  U  J  U  D  G  E  S  N  W  T  R  E  A  T  E  D  A  U  A
G  P  Q  T  H  G  I  D  W  T  D  J  C  Y  T  L  F  E  O  V
```

Word Bank

1. learned	6. homes	11. treated	16. believed
2. ought	7. judges	12. souls	17. liveth
3. daily	8. obeyed	13. fellowship	18. descended
4. savior	9. praised	14. distant	19. required
5. prayers	10. tear	15. added	20. realized

78. <u>PROVERBS 17:17</u>

A FRIEND LOVES AT ALL TIMES, AND A _____ IS BORN FOR A TIME OF ADVERSITY.

```
H  T  K  N  S  W  S  J  J  H  E  G  N  I  G  N  O  L  E  B
E  P  U  N  X  D  M  E  Z  I  B  I  P  S  S  S  I  Z  A  U
J  L  A  R  O  D  Q  T  G  Q  J  D  O  W  Z  Z  K  P  I  Q
K  N  W  X  Q  W  V  B  M  A  P  N  S  K  I  Y  F  Y  H  T
V  T  B  R  Z  B  E  O  D  D  L  E  I  G  O  P  A  V  A  T
N  N  O  O  V  M  U  T  G  O  B  L  Q  H  N  V  I  B  K  T
W  E  P  K  O  A  B  Y  H  O  F  C  I  C  E  I  L  G  X  S
F  M  C  B  Z  L  U  G  R  R  Q  N  U  V  S  E  V  U  T  W
V  U  F  F  G  R  H  E  P  R  S  E  F  R  R  J  N  I  E  N
O  R  I  J  S  T  H  Y  X  L  Z  O  C  K  F  D  O  G  R  Z
A  T  G  N  I  N  R  U  O  M  U  P  J  N  D  G  X  O  O  D
V  S  Z  N  B  K  M  R  D  G  Z  E  J  H  E  O  F  S  C  T
P  N  W  A  P  X  A  J  H  Q  E  L  B  M  U  H  U  P  H  R
A  I  H  Y  J  R  N  T  B  D  H  T  U  J  V  K  T  E  H  A
V  F  I  N  L  I  K  S  U  B  J  E  C  T  I  T  Z  L  Q  V
Q  N  T  V  M  R  I  Z  P  C  Z  E  K  C  O  Y  F  E  A  E
D  C  H  B  F  I  N  Y  F  V  P  A  G  B  O  S  O  H  W  L
P  L  E  N  E  U  D  K  E  V  Y  X  E  J  M  S  R  J  W  S
Y  S  R  K  C  V  O  M  N  F  T  Y  G  R  C  O  G  A  N  N
Q  J  M  N  J  Q  A  X  A  S  W  O  L  L  O  F  O  D  W  E
```

Word Bank

1. humble	6. villages	11. subject	16. table
2. driving	7. robes	12. fought	17. whither
3. travel	8. mankind	13. enjoy	18. instrument
4. whoso	9. lamb	14. mourning	19. belonging
5. follows	10. thence	15. knoweth	20. gospel

84

79. <u>MATTHEW 18:20</u>

FOR WHERE TWO OR THREE GATHER IN MY _____, THERE AM I WITH THEM.

```
L D D R E A R S J M F F A T S J M P M Z
O E E H F E U Y N A N Y T Y H J K V S D
K D T M H S B N W I R P R T U N E G I D
I C S D I K H M R R U K Y A J N X N G U
B G U F J A H Y W A M R Y R L S R G N X
O B R A S O L F U X Z R W S A V O G S O
R S T O Z N U C E P P E R S O N A L S B
E Q S P U F O P X R X P J I B Y E W Z G
R S B E F I E I R E J U E A B X E Z R O
S E W S P O S S T O K R B H X A W M T Z
F S G E R L B E C A S F B U R D E N H W
Y A T U U A W T A L P A X N E E D S R
I K N E L P L N E T P E E W Z C X F Y N
Y R D S S A U L T K L E R R C S U U U X
L J D O W T T R I E L E D H I Z G M S T
X U S Z T E I I S P D S Z Z A T B Z W Z
S E A M A R R F O U Y Q I A W E Y S U W
D N O X Z F T E Y N E C Z S R L T J N K
B S Q V N T N Y T V S M G S U Y P T X M
K R E N I O Y I Z H Z W L V Q U M V A N
```

Word Bank

1. numbers
2. pillars
3. planted
4. testify
5. settle
6. swear
7. ruins
8. personal
9. signs
10. escaped
11. needs
12. pursue
13. burden
14. regulations
15. trusted
16. staff
17. relations
18. answereth
19. exclaimed
20. prosperity

80. ISAIAH 40:29

HE GIVES _____ TO THE WEARY AND INCREASES THE POWER OF THE WEAK.

```
S  R  E  D  N  A  M  M  O  C  A  P  R  T  E  R  A  T  Y  S
Q  R  E  T  T  U  K  T  G  L  F  E  V  Q  X  D  P  G  P  H
M  L  R  C  S  O  Y  R  G  K  M  R  Z  J  Y  R  P  D  W  O
D  N  E  W  F  R  V  O  A  P  N  F  D  H  U  A  O  E  H  L
I  N  K  H  C  D  E  Y  A  R  P  O  A  J  L  G  I  D  T  I
A  V  V  P  U  R  U  D  O  Z  H  R  S  D  N  E  N  N  V  N
U  B  B  F  N  C  X  A  R  R  E  M  L  S  H  W  T  A  Q  E
X  H  A  E  X  A  M  P  L  E  O  E  J  T  R  N  Z  M  E  S
G  O  F  Q  V  N  B  K  U  G  L  D  O  F  O  F  L  E  H  S
M  W  V  Q  B  I  H  S  A  C  Z  I  C  F  S  H  H  D  T  P
Z  N  O  G  N  I  D  L  O  H  Y  I  G  F  C  J  Z  R  E  I
U  B  S  R  R  A  Q  O  K  M  C  S  M  I  O  D  Q  E  U  W
F  Z  Q  Y  T  M  U  J  D  W  C  D  F  A  O  B  W  L  J  P
R  P  K  O  T  H  E  N  N  M  W  E  E  K  K  U  Y  R  W  X
L  J  W  N  G  H  Y  H  W  M  F  R  H  A  R  O  S  E  K  Y
W  K  A  Q  Q  K  H  F  V  W  M  X  Z  L  L  S  K  I  T  D
P  R  Y  U  O  D  I  K  B  B  R  A  Y  Z  S  T  F  E  T  M
G  R  C  O  N  S  T  A  N  T  L  Y  L  X  Z  C  F  W  T  Z
V  Z  X  E  Y  A  C  W  P  L  O  R  D  I  N  A  N  C  E  S
O  W  A  I  N  Q  U  I  R  E  S  I  R  C  S  P  L  C  X  P
```

Word Bank

1. commanders	6. ends	11. holding	16. religious
2. safety	7. ago	12. dealt	17. utter
3. inquire	8. performed	13. holiness	18. example
4. appoint	9. worthy	14. grant	19. ordinances
5. constantly	10. weep	15. prayed	20. demanded

81. <u>1 CORINTHIANS 15:57</u>

BUT THANKS BE TO GOD! HE GIVES US THE _____ THROUGH OUR LORD JESUS CHRIST.

```
X  F  F  F  F  Z  Q  A  F  E  E  L  N  R  P  S  H  E  M  J
B  D  W  E  L  L  E  T  H  R  Y  L  E  E  R  F  Y  K  V  X
K  N  B  W  Q  X  C  O  O  Y  F  S  M  C  E  Z  A  U  K  G
T  J  H  J  O  N  K  N  B  E  C  O  M  I  N  G  R  F  C  E
W  Z  D  T  Y  I  K  E  G  J  A  I  P  G  O  R  T  B  C  U
S  I  R  V  B  S  C  M  T  F  H  B  L  J  U  V  S  P  P  R
L  H  X  Q  C  G  N  E  B  Y  L  Q  Z  N  M  N  A  Q  Q  D
Q  L  W  G  Z  J  S  N  F  T  A  V  B  O  K  O  E  N  U  E
L  G  U  U  R  X  M  T  L  L  M  K  I  I  M  E  X  C  S  G
O  H  U  X  A  V  Z  R  L  D  Q  A  Q  S  T  U  R  N  S  R
R  E  N  G  I  E  R  O  F  H  E  P  U  E  B  T  Q  T  E  A
H  N  P  L  D  Q  Y  E  B  Y  R  H  G  E  M  D  P  V  H
U  R  Z  B  E  R  E  S  T  O  R  E  D  Y  F  Y  U  B  O  C
S  D  D  O  C  S  G  F  S  T  R  E  N  G  T  H  O  A  L  I
L  O  O  F  I  Z  N  J  C  A  A  U  S  W  L  D  L  N  Z  C
P  Z  K  C  T  X  I  D  E  T  S  I  L  D  Z  J  C  D  T  Z
T  G  G  N  O  H  T  V  Q  W  V  H  Q  U  I  E  X  S  C  L
H  H  I  X  N  L  T  O  W  D  O  I  W  V  K  C  P  W  Z  C
K  N  U  O  T  S  E  A  R  C  H  I  N  G  W  L  D  V  O  D
J  F  K  H  Q  R  S  L  H  A  F  E  D  C  Y  O  W  Q  H  M
```

Word Bank

1. bands	6. sir	11. feel	16. atonement
2. strength	7. freely	12. notice	17. listed
3. astray	8. restored	13. turns	18. charged
4. searching	9. fool	14. setting	19. dwelleth
5. foreigner	10. noise	15. cloud	20. becoming

82. JOHN 14:27

PEACE I LEAVE WITH YOU; MY PEACE I GIVE YOU. I DO NOT GIVE TO YOU AS THE WORLD GIVES. DO NOT LET
YOUR HEARTS BE TROUBLED AND DO NOT BE _____.

```
M E Y L L A U T C A Q E B S D E D S H L
Q C P O E Y I M N K B H K F J F I G G U
D F U L W N K T N U L P H D D D H N S Y
P V P M L N J F O T R O J G E K A I A Y
J P F S W I E I O A S A M U V Q A Y D G
G U L M V A D R H H S D O A O W B A W N
F I Q K R Z N S Z V T M D H T O D S U I
U Q S I B B E G A M I T E P E E E O V T
C I N Q O A C X X Z E I T E D Q M L Q U
N G M H E P S U L D H Z W X S P R H P O
V I G P D W C E O C Z P G O P A O F G H
Z M N T O B P R G R P B Y T R U F V A S
F B I Z P R N X V A H H D I Y K L J P P
C S R R L H T X I B L G J A C X E X B C
O F E E X M A B T U X P U N Q R R X P
N L D A A I F O N I S E L B U O R T S N
C Q N X S U E V D T R P Z S T L Q C T K
D G A J A A L N E W U D A X G Z L Y W F
Z X W X N S L J O S R R S F Y G P W N C
A P O I T D E P M A C D R C B T E A N H
```

Word Bank

1. sharp
2. torn
3. workers
4. formed
5. seems
6. repay
7. camped
8. base
9. important
10. rod
11. devoted
12. pleasant
13. troubles
14. birds
15. image
16. shouting
17. actually
18. wandering
19. sayings
20. fearing

88

83. <u>PROVERBS 2:6</u>

FOR THE _____ GIVES WISDOM; FROM HIS MOUTH COME KNOWLEDGE AND UNDERSTANDING.

```
G U I H O W Q D O P I N I O N C U G E G
P Y T V J C N B E S N I J T N G T N Y P
D P Z C W L V D B R S K G S K K E I J V
R B T I W A N E A T A D N A H L L C H L
Z P W G Y I A B G R V J I E R U P I B Q
X J I I Z M E W X O M J H L N P O O E R
X M X Z F I B X L W Y V C V K W E J L L
R D E R E V O C S I D R U L H J P E I D
P J L Q P A Q A X R P O O M C B L R E U
L A I B V F N P L E H B T M A O L G V T
U E K S J X N H B M I H Y K O R Z D E K
Y F T B E H C D D E W G L B R N Z Q R X
E Q V T P I E J I M Q I T B P E I J S E
Z Y P H E W Z V A B T E N O E U I Q T D
R L F K E R L E Q E A N E R R O B L V L
G J Y H L H K K M R W T G D P P X Z I N
M W S I M O Y U G X Q J I E V R L Z T N
P Q B K H D O O L L U B L R T D V B R A
M U L T I P L I E D B P I S Y L I R E V
G Z K Z F E O V X C U K D C R P V O M J
```

Word Bank

1. shewed
2. discovered
3. rejoicing
4. born
5. bull
6. reproach
7. claim
8. touching
9. least
10. neighbor
11. verily
12. letter
13. people
14. seize
15. multiplied
16. borders
17. diligently
18. remember
19. opinion
20. believers

89

84. ROMANS 11:36

FOR FROM HIM AND THROUGH HIM AND FOR HIM ARE ALL THINGS. TO HIM BE THE _____ FOREVER! AMEN.

```
Z L A N G U A G E B Q Q L D I B F U X F
X K L O C E C Y L Z T B C E A M P J G C
P C N D E S I L N Z F D O T P J J I O L
C Z Z H E F T M E R N C E P I U W U H U
I T N F G D N S P A R P R E Y F R Y W S
X Y S H Q H E T H M R H Q C X T B T I Y
T Y Q C A X M E I U E L M C Y B G I W B
O H D A O S E X C J I M Y A R R W R I E
X A Y E E T E D O G X R M G U P U C Y
J S H R Z L A X C D R D H V D E Y C Y H
B S V S U T T L E M V P S B V I T E S C
O W C F I P S D M A R S M O H N Q S T A
W L E R X U N U R P S G K U A Q C F R O
V Q S G I U G I G E C J Z G O D Y B E R
X M R X O P O N V Z E D O G I Z Z E N P
U X Z R S U T I A S V R E Y A A N G G P
U F R Y S G T U Z O R X V T C G E I T A
P U P U T P V G R A U E N C A F R N H T
S Q V K A D R F O E D Q B X E H A B E B
F X O C C W K W U C S W X N D G P Y N P
```

Word Bank

1. various
2. courtyard
3. hated
4. reach
5. security
6. prey
7. scriptures
8. accepted
9. strengthen
10. anguish
11. surrounded
12. arrogant
13. begin
14. captives
15. approach
16. clearly
17. ship
18. language
19. proceeded
20. statement

85. <u>EPHESIANS 6:11</u>

PUT ON THE FULL _____ OF GOD, SO THAT YOU CAN TAKE YOUR STAND AGAINST THE DEVIL'S SCHEMES.

```
N D F L R G A C S E C C I I D J R Z F
W E H A D S J T F E R M G V R M S C X D
Z D B Q U F O Y U M F Y Q A U Q R U V O
P I I T I R G D L U P Z F L M E N R E P
V V P M Y U E C B T Y H T E A Q A M U Y
V I V F Z P F M W W X I E T Z N D W D U
B D Z U M C V S H W P E U R U E K S K F
P G Z A V J P M F L C R S J I Z A U A C
D G C X D S K S Y S E T F F O A H D Q L
R N U L D E Z H T S N I I O D Y N Q V U
E L H T B D S O H E L T O E N I F T Y F
R B H H Y E R T V Y R H N M K J J U O K
W T Y E T M N E R O Q R O N K D Z Y L R
H P Y H U F E E F O A V A X A Y C L T V
O T D M A L M R F W Y M B O U F J L J O
Y B E I E N J U X I U I R O N I Y A E S
P K I R B J L R F H T B N O L E Y G E B
O R W S A M F A C I N G U G E R O E M P
A M F D Z E J U D V M I J B S C F T Y U
A I R T K D H J B B U K Y T S E W O Q E
```

Word Bank

1. storm	6. broad	11. warned	16. fortified
2. story	7. unless	12. facing	17. benefit
3. multiply	8. destroying	13. events	18. divided
4. joyful	9. beg	14. creatures	19. fierce
5. encamped	10. beauty	15. heareth	20. humankind

91

86. <u>JEREMIAH 29:13</u>

YOU WILL SEEK ME AND FIND ME WHEN YOU SEEK ME WITH ALL YOUR _____.

```
K  J  E  V  M  X  O  X  M  I  N  J  A  T  O  B  P  Y  G  Y
K  T  A  C  D  X  F  Z  U  A  B  F  E  I  A  R  S  P  I  A
G  S  R  T  Y  C  U  T  T  G  N  R  O  W  S  G  V  F  G  S
I  Z  E  C  S  S  A  U  V  M  H  L  A  W  O  U  N  D  E  D
D  N  D  D  G  P  R  K  E  G  N  A  D  V  I  C  E  C  K  L
N  N  N  A  U  E  T  M  T  R  E  M  B  L  E  X  O  C  N  O
O  Q  I  R  Y  J  B  K  Z  Z  P  J  P  G  V  N  W  H  K  H
I  F  A  E  M  E  J  K  F  N  W  K  K  W  T  X  L  A  L  E
L  L  M  W  R  C  G  Z  G  Y  U  P  O  R  W  Q  I  R  C  S
L  E  E  S  J  G  E  Z  E  U  D  O  A  R  B  L  M  I  D  U
E  K  R  E  U  R  M  K  A  M  J  R  B  J  X  O  I  O  Y  O
B  P  B  A  A  T  K  E  A  A  Y  U  B  E  R  J  T  T  Z  H
E  M  R  L  S  J  E  H  X  T  F  G  B  U  Z  B  R  S  Z  D
R  D  K  H  I  K  J  O  B  V  R  U  A  G  M  D  L  C  J  E
S  H  W  U  U  P  N  M  F  M  J  E  N  W  R  X  O  S  Z  R
P  I  B  L  D  R  E  H  P  P  H  I  V  E  I  U  Y  S  K  U
Z  H  S  U  R  X  R  F  Z  J  N  E  S  O  N  H  R  M  S  N
O  I  N  P  V  X  D  O  N  I  W  S  H  T  V  P  Z  P  G  A
K  S  Z  P  I  T  E  I  H  U  E  A  J  S  T  E  P  S  A  E
T  A  V  S  Y  X  A  S  P  D  W  B  H  P  T  I  B  N  H  M
```

Word Bank

1. nature	6. herd	11. dressed	16. remainder
2. shining	7. overtake	12. count	17. chariots
3. steps	8. tremble	13. advice	18. rebellion
4. sworn	9. limit	14. members	19. contrary
5. guards	10. measured	15. wounded	20. households

87. <u>DEUTERONOMY 31:6</u>

BE STRONG AND COURAGEOUS. DO NOT BE _____ OR TERRIFIED BECAUSE OF THEM, FOR THE LORD
YOUR GOD GOES WITH YOU; HE WILL NEVER LEAVE YOU NOR FORSAKE YOU.

```
Z H D U Y N A L K J I J Q D E T A E R C
E L W M E Z M N I C O L S I K J A M M A
E X K A V H S H H K Z F B Y P Q K B H E
X X S F B N E O I U C F S P I L X T L E
A G D O L O S N W H E O I V B T J E Y T
C A E L I E N P H L G R F L O T A A Q A
T S A L N W J V T X L G D T S S T W Z R
L V Y O D E S E E S L I I E A A U E X B
Y G G W R S E Q Y K P V R S F B O S B E
Y G N E F T T M I O N E E S E M X O A L
E D I R H B S F T O K N C E L C G M S E
D Q N S Z K A R R L C E T J Y J D E E C
A M E E T D V Y S S H S E D L O E O D V
F K T V U H O A W K E S D D N U D T L J
Q W S E O L G E F G B T F L R K N G J A
K H I N C P R I T A E J O U R N E Y E D
L W L T V M Z B R H I G Z Z H C T M S V
K F C H Y K T Z S B L S G X B R X P K N
X R C Q C V A A M M H K G G L L E U I T
Z Q S L R E G U L A R L Z O R V T H A I
```

Word Bank

1. chose	6. safely	11. sets	16. seventh
2. celebrate	7. bright	12. created	17. blind
3. regular	8. looks	13. awesome	18. exactly
4. listening	9. directed	14. extended	19. based
5. forgiveness	10. doeth	15. followers	20. journeyed

88. <u>1 CORINTHIANS 13:2</u>

IF I HAVE THE GIFT OF _____ AND CAN FATHOM ALL MYSTERIES AND ALL KNOWLEDGE, AND IF I HAVE A FAITH THAT CAN MOVE MOUNTAINS, BUT DO NOT HAVE LOVE, I AM NOTHING.

```
K R Q H A L Y D L D G T R P D V L F U C
M M Y H T G U Z L Y S G V A B T W T V W
A A S G N I T I R W U E F E F N Y N P Y
H J X C X Z F D S H D M T S E J L E E Y
B B J C C B R A K Y U E B E U L J G T F
P A E L O I I O N M Z M S N F X Y A I E
R I V Z I D K R R I A O L I L U W R R P
V N T B T O N B M L P I G W G M F U W M
B Q N G X L M A N P A P L I A N J O R I
K A G G Q O O P U C L K X E V K S C U R
Q E W O U O F S S K C K R S Y Q W T J A
Q M N R T Q P H Q J M T R B M Q D E T C
L V N B O A S T E D S H E I G H T S W L
P X P X U H J Q B D E H S A W P K T R E
V F D H V V Z R E B E L L E D Q Q W E S
G I X K U B O W A T C H E D N C N X H A
A M G W X R N X P A J R Z H B V W X C P
T R K R K Y T Y K T U E H C K M G T A I
C G Z F V X F F S M F T G R E N Y P E Y
S U X Z W D X J E N S D V U L A N X T M
```

Word Bank

1. hurt	6. test	11. idol	16. writings
2. mourn	7. boast	12. designs	17. stream
3. washed	8. watched	13. miracles	18. courage
4. pit	9. lambs	14. height	19. suppose
5. abroad	10. write	15. rebelled	20. teacher

89. ROMANS 8:14

FOR THOSE WHO ARE LED BY THE _____ OF GOD ARE THE CHILDREN OF GOD.

```
O D N C K W N M K O T Z M G F R R I Y G
F D P N S E N O B T R J F N H H C U O T
S Q I G S R I J J W G P E D O Q T O R S
V Q E G N A V Y V U O Q W K W P X Z G H
F I A G O L B R E A T H J E O T Y W E M
T M W C I J Y Q R V X X N V M X X U L
W I F J T L V A N N O U N C E O S S N A
I W C T C W S U O I L L E B E R R R Q N
V L O V E S B T B E H A V I O R X D T G
H O N O R E D Y O R H C Z N T L W N U E
Z A H H I T P P F I A R M H P V E J T L
O O P J D J F L C Y R A G S Q N D I Z S
M M G K G Y K U F J A A E B A N M R P L
E A V N J J L X C E A H H M H I K D W J
M L A I M N R E G P C G R C N T V G Q Q
U J I I U Q K P R N Q E A I T J O D C P
D P P O G P U U A E P U S R I D Z L H I
N O C H S S S R P O M T L G D D T O C W
S C Z G P E B O B D R F I C E E G A U V
N Z X W B H R R G Y O P W C U W N B R W
```

Word Bank

1. breath
2. soil
3. permanent
4. cloth
5. branches
6. directions
7. honored
8. loves
9. bones
10. touch
11. merely
12. behavior
13. ministry
14. chariot
15. rebellious
16. announce
17. garden
18. smoke
19. angels
20. drove

90. <u>2 CORINTHIANS 8:12</u>

FOR IF THE WILLINGNESS IS THERE, THE _____ IS ACCEPTABLE ACCORDING TO WHAT ONE HAS, NOT ACCORDING TO WHAT ONE DOES NOT HAVE.

```
I  M  O  W  E  Q  S  X  A  L  I  E  N  I  S  W  B  T  Y  P
E  Y  A  S  V  H  X  J  F  G  H  Y  P  N  K  Q  U  X  Q  R
W  J  Z  N  W  G  L  Q  T  N  P  H  R  U  I  N  E  D  B  O
L  S  R  S  C  O  X  K  F  N  P  U  N  I  S  H  E  D  R  S
F  K  O  O  P  E  L  K  B  X  E  Z  B  M  H  A  U  D  E  P
U  K  T  F  O  I  S  B  B  D  P  D  T  H  S  Q  N  H  A  E
Z  K  C  F  S  U  T  T  B  K  F  P  I  E  N  E  W  E  K  R
R  U  E  X  T  G  T  O  R  H  P  C  F  F  E  C  W  L  I  P
T  M  R  T  H  P  C  C  J  A  B  T  M  P  N  H  H  P  N  O
S  T  I  P  G  Q  N  W  H  Y  L  A  E  Q  Q  O  M  E  G  F
X  N  D  A  I  J  X  O  Y  E  J  L  X  D  B  Y  C  D  K  C
R  V  C  S  R  F  R  Z  Z  L  N  E  K  H  T  A  O  T  R  V
P  B  G  T  P  N  C  X  Q  J  P  R  R  H  I  F  Z  B  U  O
E  F  E  U  P  N  R  F  Z  O  E  G  C  R  V  B  R  I  G  U
S  P  O  R  S  M  L  C  L  P  S  C  K  C  X  X  V  Y  T  G
F  T  F  E  V  F  H  A  P  S  P  G  O  O  D  N  E  S  S  C
G  V  N  J  F  A  L  U  L  R  K  I  U  F  D  H  P  D  Z  E
D  Q  Y  I  I  S  E  N  D  S  Z  J  H  I  Y  T  X  P  V  W
J  U  I  N  A  K  W  M  I  Y  L  T  E  R  C  E  S  I  T  A
U  Y  S  S  A  S  M  C  O  N  C  E  R  N  E  D  C  H  H  D
```

Word Bank

1. prosper	6. goodness	11. alien	16. concerned
2. ancestral	7. confident	12. blows	17. director
3. rights	8. punished	13. upper	18. breaking
4. secretly	9. saints	14. chains	19. helped
5. sends	10. pasture	15. horn	20. ruined

91. 2 CORINTHIANS 6:10

SORROWFUL, YET ALWAYS REJOICING; POOR, YET MAKING MANY RICH; HAVING NOTHING, AND YET POSSESSING _____.

```
D  J  L  K  O  D  T  C  E  J  E  R  Y  U  P  N  J  N  U  C
E  W  Z  E  Z  G  N  Z  P  S  D  W  O  R  C  O  F  P  V  U
I  O  Y  A  A  N  M  S  Z  F  X  Z  T  F  E  D  P  A  U  R
F  T  M  H  E  R  P  K  K  L  D  S  N  G  E  N  M  P  R  V
I  K  S  L  S  A  S  A  U  O  A  L  S  K  E  A  D  W  S  M
T  Z  F  W  H  Y  U  K  F  Z  M  B  L  A  I  B  K  W  K  B
C  G  S  R  E  I  G  F  C  T  I  A  O  R  D  A  O  R  A  G
N  W  E  M  F  M  D  H  U  S  T  N  Y  R  O  R  N  S  M  D
A  P  I  O  O  E  C  I  G  E  O  L  J  J  E  O  J  C  V  E
S  W  L  J  B  E  G  H  C  I  P  Y  K  W  S  G  R  V  L  D
R  W  O  N  D  E  R  S  T  E  G  R  Y  A  F  O  A  E  M  D
M  X  R  V  U  X  U  A  E  L  N  J  E  M  S  N  Y  J  I  P
J  P  D  Q  X  H  L  D  R  V  I  S  N  S  B  C  R  E  K  N
V  P  E  Y  O  E  P  B  T  F  R  T  E  H  K  P  U  P  E  C
P  H  M  H  R  H  N  R  H  F  E  D  U  E  E  W  R  M  C  E
F  Q  R  V  N  R  E  N  I  W  H  R  K  J  F  A  D  I  J  G
K  S  O  F  V  R  D  A  T  R  T  A  V  H  I  N  Y  I  W  V
M  H  F  O  W  E  L  A  H  G  A  Y  S  S  O  N  S  J  D  I
J  Z  N  H  W  K  O  S  E  P  G  A  E  B  M  W  J  W  X  L
N  O  I  J  Q  A  G  J  R  O  G  S  E  D  F  F  B  C  M  V
```

Word Bank

1. deeply	6. season	11. informed	16. praises
2. bondmen	7. swore	12. gathering	17. sanctified
3. arm	8. crossed	13. labor	18. crowds
4. golden	9. wonders	14. thither	19. relation
5. talked	10. perhaps	15. abandon	20. reject

92. <u>1 PETER 1:13</u>

THEREFORE, WITH MINDS THAT ARE ALERT AND FULLY SOBER, SET YOUR HOPE ON THE GRACE TO BE
BROUGHT TO YOU WHEN _____ IS REVEALED AT HIS COMING.

```
T H O R O U G H L Y W H R C U E P O Z K
A O G Q O X S X P J F T U D A F C H B K
Y F Z U I O I U R V V Q Z H A P P E N S
U P P U R E S E L D Y F Q H K S F Y R I
L M J T E Q L E J W A X X Y G F K Z K V
O J E R G Y Y S K G P R O P H E S Y O H
X N T U N A B W T I T E F A G U I D E E
G W Z E I C S T N A L E H O V Y K I K X
Z U E S K C M Y S E T A Y V A L I A N T
O N F L C E U E U T K E T A E H W M S W
A F F L A P T A B D X A S L C T E S O L
E A B D T T W H J Z E T S M W S T K P H
J I U F T A N I X L W L T R G O P K R M
L L L Z A B Y Z Y I C K L H O Q M A S O
P I O C N L A Z K N B D K U E F E S C F
T N P B E E E E F E T K X N P I C Z L E
I G L W I E L J P N C X Z Y G Q R W K B
Q A X C M R E H T O M C X E U R K S O Q
M Z H B S F Q G P D B K A R G A T Q D B
P R E V I O U S L Y B Q P O U N A B P X
```

Word Bank

1. unfailing	6. wheat	11. forsaken	16. theirs
2. thoroughly	7. guide	12. mother	17. prophesy
3. previously	8. lose	13. rely	18. attacking
4. valiant	9. state	14. happens	19. pulled
5. linen	10. acceptable	15. space	20. alike

93. <u>1 PETER 1:13</u>

THEREFORE, WITH MINDS THAT ARE ALERT AND FULLY SOBER, SET YOUR HOPE ON THE GRACE TO BE BROUGHT TO YOU WHEN _____ IS REVEALED AT HIS COMING.

```
J B W J D E C I T O N E W S O O L S V E
U M N M N L U F I C R E M W C A G S B T
I A D M H F X W K X C H G Q D N O N Z D
L V U I R D P Q U B B J P E O D O F F C
R Z Z K G G N O R I F G H S M I O T H F
W J M N E H A F U X F C T E T R A I S S
A P M U C D B A O R R M D A G S D R A D
B W G R A P M I B A T I D I V K V I W A
J N W D F G X L M K H N V R O Q E S T E
W L Q U R W J E O B U E E C Y M R G W L
E P L Q U H M D E O K D Q N B A S N E A
V D F V S Y S D F Z L J M M F A A I S W
J P E P I X Y T P O T D B G Y Z R S V H
H E N T Z A W H U C G N C U B S Y S U P
G L Z U T V B E L M G V L C F B R E I T
Q M Y C I O D A G E B A Q V S N R L U N
S U U P A J L T N D L L B X I F J B D J
N B U E V X G L G N O E E V M U V E M T
K B L E O H V C A W S X G Y Q H E O W Z
D E U S W V G F O O S T W H Z Y U Q T M
```

Word Bank

1. stumble
2. allotted
3. older
4. wash
5. adversary
6. foundation
7. blessings
8. woe
9. loss
10. noticed
11. leads
12. failed
13. marched
14. drunk
15. songs
16. surface
17. heat
18. merciful
19. forgive
20. iron

94. HEBREWS 4:9-10

THERE REMAINS, THEN, A SABBATH-REST FOR THE PEOPLE OF GOD; FOR ANYONE WHO ENTERS GOD'S REST ALSO RESTS FROM THEIR _____, JUST AS GOD DID FROM HIS.

```
L M D W X E R M Q Z E B E L I E V I N G
B F O M K S H M D C D N V Y S P F W I Q
Z I J E W L D I H N D O F Q F L C X M Q
R S M D G L K H A O H N O L X E A W G E
E O N P B A F I T K D D A T Q A L X S O
K K I A E F C C J K N E N D S D L L V B
Z U D U Y I L S H O R E B V C R S W E E
J H L V S P K H P E Y O J A B J E R T N
Q W Y U U Z X S C R U L K L F X O D Q T
N A M P H Z E E G N X A H G D M H N N F
T S S H K R S N D K O E U B Y B T S M U
K T J V M E I A N X X M K N Y B F A E D
K E I Z L D R R Y I J C A L O A S D C R
V D L F N Y H X P O C R Y M T S B X N N
P O U U W E Z T P M E T N O C A T F U S
X A O C A Y X X J Y C X K B F R E Y N Y
W S W R F T N T D E M E E S A O J B D H
N X C A X M K I E P H U Q T J E I S C F
Y S J V I K O L B N J Y S X Y Q T T O Y
B V Q A F F E E M M D P M J A U G A M C
```

Word Bank

1. contempt	6. anymore	11. bent	16. meal
2. sounding	7. musician	12. seemed	17. boundary
3. respond	8. self	13. beat	18. start
4. calls	9. plead	14. cereal	19. understood
5. wasted	10. falls	15. extend	20. believing

95. PSALM 94:18

WHEN I SAID, "MY FOOT IS SLIPPING," YOUR _____ LOVE, LORD, SUPPORTED ME.

```
D E D I C A T E D N Z J J Z Q T O Q V R
G P H Y S I C A L G K D S C G G G Z F Q
G S A Y W S B J F N G R E E P L C Q Q T
I B L P O J M K J I T B V S R J C B W I
Y A H L O T X P U R Y P M R E F K V G K
S X D L S S B G I D T L F V R J F I Z
Y S F D R T T G F S J U Z X Z H T F M R
R I R W G D R L Q E J F R Y K S O E U L
B E M M G S R E E D B A B G Y I Z O D E
F U G X N F V Y E S R L S H I D I U E T
S Y A G I Y V Q V T Y L R J Y V G B S S
E K B H N L N S O H S E U R A K I O V N
R O R V A D Y C H R Q T O H F D H C Z O
U B M Y E U O K O U R H E Y G G X V J I
S Q J G M O J D I L Q B D B H N J J H S
A W S Q C L O R J S Z G Q Z K B K G M I
E K M U O X E U A D V E R S A R I E S V
R L D I S T A N C E V V F W N Q S T X I
T B E G O T S J J N N A N C E S T O R D
R E N O S I R P J R V Q I Y C C C K Y Z
```

Word Bank

1. falleth
2. behaviour
3. treasures
4. deserted
5. begot
6. prisoner
7. sold
8. ghost
9. distance
10. apostles
11. require
12. streets
13. loudly
14. meaning
15. desiring
16. dedicated
17. divisions
18. physical
19. adversaries
20. ancestor

96. JOHN 1:1

IN THE BEGINNING WAS THE _____, AND THE WORD WAS WITH GOD, AND THE WORD WAS GOD.

```
E  F  C  O  O  E  P  K  P  Z  A  H  L  C  X  Q  F  Z  C  E
D  J  F  I  G  Y  B  L  S  O  T  S  E  L  O  T  A  T  L  T
A  G  O  P  P  E  C  H  R  T  Q  X  T  D  C  G  H  F  B  U
C  S  R  Q  P  S  R  Z  S  M  E  X  U  N  F  J  C  G  C  H
B  Q  T  K  C  P  C  M  P  K  N  A  D  Z  W  U  P  M  I  T
V  D  R  N  W  E  L  A  F  E  V  N  D  J  O  C  S  T  Y  E
X  E  E  G  E  C  U  J  Z  P  Z  S  F  F  B  P  R  R  F  K
T  Z  S  N  C  I  C  U  X  V  E  G  Z  S  J  P  E  U  T  M
C  A  S  P  N  A  E  I  J  T  O  U  C  H  E  D  C  D  K  Y
F  M  A  B  A  L  B  L  T  Z  P  R  M  F  C  G  I  E  I  Y
X  A  Z  H  T  L  L  E  O  U  L  E  F  T  T  Q  F  N  E  S
S  S  E  L  S  Y  T  V  R  H  D  V  I  E  S  X  F  F  B  K
D  Y  W  F  B  H  M  S  L  R  O  E  N  C  A  P  O  Y  Y  S
J  Q  C  S  U  C  H  O  H  J  O  A  D  N  O  L  B  G  S  E
Q  D  W  X  S  J  A  G  M  O  L  L  S  E  C  D  E  E  D  S
K  B  N  C  V  J  E  T  M  Y  F  W  W  T  V  D  M  D  R  I
V  B  Z  R  F  Q  R  B  J  Y  L  Z  C  N  W  A  R  M  B  M
M  S  V  V  F  V  G  R  M  L  I  O  D  E  T  I  A  W  E  O
E  C  R  U  O  S  T  N  I  V  P  F  N  S  J  L  E  L  K  R
F  Q  V  F  Q  Q  G  Q  T  V  H  Z  I  O  B  R  M  O  M  P
```

Word Bank

1. deed	6. fortress	11. amazed	16. officers
2. stead	7. hole	12. finds	17. waited
3. especially	8. touched	13. setteth	18. objects
4. less	9. eight	14. source	19. substance
5. reveal	10. sentence	15. flood	20. promises

97. 1 CHRONICLES 29:12

**WEALTH AND HONOR COME FROM YOU; YOU ARE THE RULER OF ALL THINGS. IN YOUR HANDS ARE
_____ AND POWER TO EXALT AND GIVE STRENGTH TO ALL.**

```
I  E  N  N  N  O  J  B  R  V  J  Y  T  Q  M  R  N  B  M  C
S  N  U  S  T  A  N  D  E  T  H  I  S  A  B  W  W  A  J  I
D  K  A  D  B  C  O  Q  O  Y  Z  D  H  T  L  G  G  V  T  R
V  V  S  Y  S  Y  H  Z  U  N  A  M  D  N  O  B  V  X  P  H
J  S  C  J  P  V  R  C  K  W  A  L  V  M  P  V  S  L  M  E
A  Y  L  A  I  Z  N  V  Y  P  Z  S  J  M  S  L  D  U  E  M
S  V  N  E  R  T  D  T  M  K  A  V  S  W  T  Q  C  O  B  S
F  T  R  Y  I  R  N  S  Q  U  A  R  E  Z  N  P  I  Y  O  M
G  N  I  L  T  E  I  K  P  U  E  A  M  A  A  M  Y  N  B  J
A  S  Z  K  I  T  U  A  I  E  R  J  C  P  L  A  O  A  P  N
I  B  E  C  O  M  E  N  G  U  M  T  R  G  P  R  X  K  M  E
N  R  N  S  E  L  A  B  W  E  I  C  J  E  J  V  Q  J  W  D
E  A  N  I  O  T  O  D  C  O  S  S  S  H  N  H  D  L  O  Q
D  I  P  F  W  C  C  N  J  B  H  S  D  Q  D  N  T  T  W
R  I  B  E  P  S  R  I  M  Q  C  E  I  E  U  K  E  I  H  U
B  H  A  K  S  A  B  U  Y  I  M  P  E  I  S  O  D  R  R  C
U  R  L  E  C  S  R  R  P  F  X  H  O  T  Z  S  L  I  O  X
Y  Q  V  R  J  E  S  T  Z  E  I  E  H  Z  I  Z  A  C  N  L
U  W  E  C  W  I  N  I  Y  F  Z  R  D  U  I  S  J  P  E  K
P  W  O  V  M  P  I  O  E  E  G  D  W  C  S  H  P  Y  S  R
```

Word Bank

1. plants	6. vow	11. spirit	16. bondman
2. square	7. gained	12. standeth	17. passes
3. mixed	8. throne	13. carriages	18. clouds
4. shepherd	9. wear	14. weary	19. action
5. party	10. render	15. ancient	20. purposes

98. PSALM 32:5

**THEN I ACKNOWLEDGED MY SIN TO YOU AND DID NOT COVER UP MY INIQUITY.
I SAID, "I WILL CONFESS MY TRANSGRESSIONS TO THE LORD." AND YOU _____ THE GUILT OF MY SIN.**

```
T R E A S U R E O A S U D I O E R E L C
D X D A O W U U K D E D N E T N I U U E
V K J D A V I A P G C K D I P L E D G E
V I L M Q S X T E W G C U L S X Q U K S
E U O X S S M U H C I Q W R R N G Y N R
H M A U Z R L T P J G U X K E G M O X A
E D E E G R E B U K E R B P G L I Y G E
I D H H A R T E E S E Z Z A N T A O H H
R C M U A L D J T G R N U K A V E T C V
N J Q E R E A U A S G Q H T R Q J Z E W
V N B S S Q C I G T U E U D T M A G Y D
K M Z P O Y V L C O M P D T S F D G N W
D I I Y M L A F M I E D K L L K N B N Y
E S A B C E N Q N R F U S O O I A V G M
E L I Y M M I S O W E F W W V E O S X A
Q K F M N A T R T M I R O I Y C P A Y F
T T A A K N Y R I I J F E Q S A H I Y E
T Q F M B W B D L F U C B I R C Z F X C
Q Z U F W Z V A W X E R N E P J B B T W
Q S V M A H O K F R H S F H A E D G N M
```

Word Bank

1. related	6. strangers	11. pledge	16. vanity
2. flow	7. spare	12. quite	17. receiving
3. begged	8. rebuke	13. intended	18. beareth
4. issued	9. hears	14. treasure	19. despise
5. official	10. fruits	15. namely	20. reputation

99. ROMANS 10:1

AS SCRIPTURE SAYS, "ANYONE WHO BELIEVES IN HIM WILL NEVER BE PUT TO _____."

```
L M G Z P A E T V Z G T P R T N E P S G
U E M X U X K C E U A N X B U A U Y V T
O T V D W X V A I O O A F T V K D F S H
A V P J U P D D G H E O B P D I Y K K G
L J P E O Z E T N K K C K X S T C G T I
C K G M L D C S S D D O Q A E I H G Q S
D T H K O S S Y P A J K P P B L N N C N
R J C H A H S R S V E P W W F G V I E I
L W G C T W A T Y N E N P E C L Y D S B
N J X U B Y O F I A X T D S B G Q I D M
M W O G I N K L R P R E C T S U E H E K
M M F N I W P E G U H S G Z R Y H U E R
C U G S H I B T D W E L L S H V O G C E
P C H U C J D C B E E T G B I Y X K C V
K E J S S R Y A K K I C J N X X S A U O
D E I J N K K R W X S E H V L M N Q S S
Q D M N Z N J K R N B I N K P V R T I S
Y N B F K Y R A U A Z V V G D R O V E A
X T P G M C K O F K M G Z Y H D H T A P
Z N A Q T F V P C Q D I U V V N G G D I
```

Word Bank

1. hiding
2. fed
3. succeed
4. marry
5. huge
6. goat
7. horns
8. slept
9. praying
10. disappear
11. dawn
12. guided
13. dwells
14. passover
15. discipline
16. corn
17. mouths
18. spent
19. insight
20. astonished

105

100. <u>JOHN 3:16</u>

FOR GOD SO LOVED THE WORLD THAT HE GAVE HIS ONE AND ONLY SON, THAT WHOEVER BELIEVES IN HIM SHALL NOT PERISH BUT HAVE _____ LIFE.

```
Y F N M G E F I L O E E U L A N R E T E
P G J O C V L S U C W U Q U O Z Q Z P J
Y X K B C W K P E R I S H R L Y O X Q Q
P N O Y J U U Y H A Q Z X F L L T S S S
D L E J T H H L I R E V E O H W L L H Q
N Q H J I S D K K I W O L V D I E A Y S
A L O N U I O R S Q B Y G N O V G D H X
Q T I C F D L N K K L U R F A G N P I S
Z H X I N I E T Q N K X T G X B V D R R
F E V G E N Q K O M G O D T O Y W M O D
C D T Z O K X C F G P E L M D K M S T P
L A D M F G L T F F Q L S E X Z I S O I
W G G I J W R D B E L I E V E S A S B E
F I J H C V K R W N B S I H C P E R J T
K A S Z M N E E V A H S S C I Z X E R K
W D L W S H T W H R K L G O Y N N D L A
D E D N V E D L R O W J A C T X B O U F
J V N O O N U J E H I M H H V U I T O L
O O L O X S O C I Y A O A L J W T R U E
R L Z B G S M T S L Y T T M N M E E S A
```

Word Bank

1. world	8. god	15. only	22. but
2. he	9. one	16. whoever	23. life
3. his	10. and	17. the	24. gave
4. in	11. so	18. for	25. perish
5. believes	12. that	19. have	
6. shall	13. eternal	20. loved	
7. son	14. him	21. not	

ANSWER KEY

1

```
S G K O O H U F P S F A D R O L P M A Y
Z L I P G A G D H W Z U V S C D V Q Y H
H R N C N X F D L G U F H B A Q W Y H T
K U I V C X B K J L N B D S L S K R W R
G K K O J T N G E D S A V K L S W D V Y
E N O R H E E J S T S E N I U K S D
S X I B V S C M A D E H I Y S A S S J K
L Q W E F Q E V N Q W W A H S L J H E B
L D I A W H I L F F W A D T F I W C J
A K E N O C D B Y P G Q O H A N U B E
H N V B R W K E H I G Q Z X P Y R U I
S F O Z H C F R X K B O T P E E Q R X Y T
K I L Z X D P I J C E D T O I O W Z M J
M A W J B D I M H A S A P T B J Y V M Z
B J O K Q U J K V F Y L L V G H W P R I V
V F S O N A H X B Q E Q D W F E G F Y N
Z K Q T K T P T R Y I O S W V I M L Z R
O F O D G T N M L Z J J P Z W K M H U K
S M X N D V M N E V A E H O A J H B Y V
Y J X E A Z H V L O X F L D L W O Z Z W
```

2

```
W Y H T U N O P U L C W Z N V D B J L U
I P B O W G N D J N G I T U Q Y M E N Q
A A C U V U Z I E Q M V A V V Q R K L G
Q R A Z L T P U T B S G C D R A Z Y K C
A D S H N L B T R T A G W I O S Z Z A I
V E W T O Q B R H I P X C X B W W P C V
L M H O B C R T N O X O R R G K N Q D V
N I K D X B I S B O U C I Z O C I D E O
R T F U N A T Q Y X D R M Y W N Y L M X
N O D T S E S R S N O S E V O T F O J E
P M N U P R V Z O N Z L I O W D V T C B
X C E S G T X I A V J G C E M R J A Y I
R F O C Y Z M M G C S Y X L I Y L L A F
F S K F P D N X H B O Y H A Y P S A W N
O K W Y C N N E I A X H L G T P P Y A K
F Y E K W C P A V F E F V M P M Y J J P
V Z W R F O S G L A W N X S L L O X C Y
R U A O F L C J L S G W L N R P V I H T
A E T O I H W N E J W N B S Z Y W F P
T B W O L E I H F N G A Y S E T H Y B C
```

3

```
N G D S Y P E I F I H Z L A M G G Q L I
G G Q M T T S G I S V S H L M W L C G B
Q U Y X N P K N M G D N X A P O P U B
U H A A I W C W S N X X J I H Z N U T A
S E M Q P L H O O I D F V K X V S G Q M
T H N M U Z I U N V F C U O O P G Y C B
C D Z O W P L I S A X Z K O O T C O D C
Y O Z A A S D N B H W W N Y B J S I I A
R W C W K O R G S O H P E I P H Q Z F D
I B Z B A I E P O K E O V I A U Q D R A
R H J T A M N I L T Q S E I F E G D K H
Z O D P Q C Z G A X P E R S O L D A Y A
D U Q Q N H K E G O J J Y A D E G N N L
D S C F M R R S B P I F I Y V P A P F I
D E F M W G G L M Q A T C I Q S E T G H
T S G N I H T J Z I O M B N H Q Q C Y T
J X U W G T U H N F R Z U G M D L K K X
B K D W E B B W E T C R A X W V Q Y F N
H H S I X I S R Z U P U U N S Y R A U M
F E T K W Q L L Z O S G G X O D A H Q C
```

4

```
F C A X C R C R D D J H J G Y C C J K X
P K Z N E K A T H D X Z B H N A N M I U
U W L Y E F Q A S D T Y C H P G U X X F
K E E P O L J O C Y K M Q F Y A I D R U
Y C R R H K O O L K B T Z L Q I T I W I
E P T B V T L R I Y R J O Q K N W A X F
U H H E U X W K D B O Q N S F V D O L X
U H R R B B B G Y Z U R V R H R V J R W
Z H V I E T L C O W G A M S A R I K P D
S W M G J B H A P O H U R N I G T L U N
P O O H W E D V D B T M V Z W U O G K F
C M A T Q O B I O N D P T D D P K I S B
Z Q Q G O S F D N Y L S D R Y S N P N J
F C F G M Q X Y E C U H T W E D J I C G
A V N U U J B H J I A H M K B G Z I P N
I H X M V R V K S N L G K V L V Z U T U
W J S W I T Q H D D U R G J O T J J Y H
R L P N E I I X J R R V Y B X E N L W L
K V G I E Y S L Z K P V S D Y U S R P D
K L U O T G J O X W R R D U J O J U V G
```

5

```
V D Y Q W L Q I U J T O W L C U U D O U
F E O F H X W E N Q B W W T B T Q G M R
W S H V T Q J A H K X T W Y K F V K O J
X A X J Y Q J V J N P I W A F L Z I H V
B Y J E F P C P R W E I A D U F E O W A
P S C E T H T H P A T G O C L Z K Z G R
Z L G J X H Z Y R H G L T M U N U H A C
H M V W U G R T O P S H X R O M Z J I C
Z G D S Y E H U H P P T W L L O O O E
T I F G A V T U I Z U E M R F S B F P
T F Y H J X G B W U S R F Z E T T Y F I
W S W F I B N U O K O S H L F N J Z N
Y I P C X S L T N O O T V L I E K B
C E J Y N O I P E E J N D Y Z I E N S Y
A L C Y S F P Q N Y Y G O Y L I V I N G
U X S T E F P Y S V G A K D I I D I H G
S G N O L A F B K V V J Q N V L Y Q Y F
E E R N I O H E X F Y E R U M O B W I V
J L I V E Q I W T O Y D V A U I S K L V
C S P Z S D J M W D J D L O H E B H L
```

6

```
Y T L D A H G S K T M C X T I E F E G Z
G Z G H O S Z M R R K J J U A R V Y P E
B R N K Z S F R R A Y X R R J B I N S I
F H E N I C T G E E O U N M E L S A C
D U Q B P Z O H W H N G M E K D A L T M
R V L F I T W T R J S V O D Z R A T L Z
G W H O Q F P F P T J Q C V K G Q Z A V
W V V J E A W N K A U G X B S Z O H D
P T W T N L X A H Q V F O K G L J Q S Y
G N I M O C D N U Q V P N E Q G H I U X
O R D E R N G N O J J A D T M P I Z F L
B F W J E F S C Q A Y C X H W L K U T
E M B C C B P V H C L M Z C N D P H N I
N T S V M Z W P Z X H A P R O I D I K B
I E C P H Z G G S H N D U E W R N U N T
D L G Y P M Z X G Y K T N O O Q D Q I O
U L M H D M B O U Q J M F B R O T I Y X
N A E S K Q N A L C V X L D D A W N W
G Z G B E D F Q M N T V H T S T V J O G
H I N D E E D Q U F J K J S X H B N T O
```

7

```
K L I J F X U M Q U R S N Y S R Z J P B
O J P M N T E Z D Y P M K S D E E V C B
G Z B A Q Z S N H O L Y Y V F O X L E C
Y G Q T S M P R L O Z S G M H X V H U I
D K R W D S E W D U A U C F A P C N B W
O G E B E L W K R O W Y C A K P T U Q Z
O F H Y I D R C Q G O E T T L P S O B Q
F A T S L E I Q C O I K A H X V W E B R
X I E R P O L E V O G N E E E T J L Q P
C F G R E L F W D Y A L L R P T A G U Z
J Z O L R S L V R M Q U J E Q R T Q W X
M Z T I A H R R E Z R E K E J R D N Z J
Z J H W R I E G L B N Z H P D T G N E N
L B N R X W X M O Q S C A B R Y K L T
F H K U Y B O X L A T R K K Y G J F C W
S P P Z S J P U Z L N H O R A R U L P J
G E E Z R X V D X N U D I A M U B Q S T
I X E X R N M C C B P F J N W G D G N M
S E V L E S M E H T G X F W G T Y S P H
A T I A A J L J K C B A Q M R H N A C Y
```

8

```
U M H N I T P C A L L E D M U M P K E T
I I A K N E G L Q S N P Z D A A E C P H
I Y B S D T N W K J N H C Y U F G H Y C
E B P R E S E N C E N K A W P B N Y H Y
E T X M H G U E J I U P X P J P V W P W
W N E C R A V L Q N E D S Y A D Z G N F
D C O Z Y F N M G D A M B P C R E M F O
L I B Y O P J D N A O I Q G T Y W J V K
L E M P R I S E S D W L L J Y A F U N B
M M I U E E S D K T T S I P W O I O K N
Z P X T H H V G V F P Z E U E S W C T K
X A S K E D R E N F N C W M L N Y O O
V Y J S T F E P S I U U X A O E M M R K
Q K B Z S R G A R O H A G B H C D E X R
Y H V Y F H U O S S S T T K W T Z T T Y
K N O G L I X O M E B F Y Q L O Y H V H
O E D B S P R G D K E X D R O X N X Y E
G E N V X E T I H W R D P V E E D X O S
K V E H I K N Z K J D U I X A V S L Q U
L G L S E C A F W T B F Q R U S E O A I
```

111

9

```
B I B V F M T M H P H N B H W B Y W N S
B A H Y Q A M K O Q O D J D V C L X D M
O E O S R X H T H V W S Z O X I F F W B
F X C S O Y I O F S K L R Y A D K F H D
C W A T H I N E E Q F R V P H O V P T V
H T Z E K K J A W I C E W E D C S Z T
M E O K G V Q V R I E X M S N N O T U L
R I N Q U O M N S Z U S A L T Q V Y H E
Z K T O V U O A J A H C O Y D D A I M R
T U R P Y Y H G S A Q V V H C H S U H R
S A B N T N G G L K C U X G W G S J G M
B M A E X I A O N L C K T J J L O A I K
O P D E D T F L S I D S M M F Y Q X H D
X T V S R M R P Z M H Y L L A S I M J D
Q M E K S X E I U S Y T B R P V Y Y J Y
E H Y E N A U D D D X N O O H X I X H P
F W Y D K V Q E Y P O U K N F K N H W A
N E W U G A X O D B N E S N I S E M D V
H G F S P O O N W D O H G I N F O K C N
P R E V E V C N V R O U L V S E N O J X
```

10

```
G J A M M M V A X M H Q Y L R G J B E A
T M H G B D R U O V J H A U M Q I L L Q
S S U H A H Z G O S T V F D A P Z F B S
R E J P E I I M U L Z O H G O J B Q A G
I Y S D H A U P V N M U W F N I U B Q
F K T O L V R C Z Y F T M N T Q N T I Y
M D F J U V D W V P E A V A X D G A E
P K F F O X M L T B F N K F L L K H P N
F E G D E L W O N K M C I X E V U G C
H M K Q G Z Q M W W I M N S X F U F N G
S G F S Y H E X C L A A G C A Y J I G
E D U T A D U U Q U F S T H W K M N S
I W G O R M S Z P D J G Z I F Z W M R S
C S N C H Z I T Q U E Q N N E I T H E R
I U I A K T O X R Q A P C Z I Q L A C N
J N R G B H R U N O J L V N P W W T N Y
H T E T C N Y A N G N T F U G X N X O S
Q I F O G P C W O J E G A R N L O E C E
N L F E E X B U F W V O O O J R H S Y
M J O S B A W Z O O X G E C L N Q J L G
```

```
T  D  E  R  E  W  S  N  A  S  B  K  Q  L  P  D  W  G  K  J
M  W  Z  J  S  X  F  O  B  O  W  E  S  E  R  V  A  N  T  S
S  L  W  D  X  M  A  S  N  O  I  T  A  N  J  N  S  N  G  V  T
W  O  F  Z  L  K  C  R  G  N  P  B  G  M  T  G  O  W  N
T  V  M  J  M  V  E  A  B  O  E  S  D  T  J  N  V  I  A  A
A  E  I  T  K  R  B  E  V  I  D  K  H  A  I  T  E  M  K  Q
F  X  J  N  U  C  J  H  T  I  Y  I  V  B  S  T  L  N  D
F  O  Z  F  O  K  Y  H  L  C  S  U  I  O  B  T  E  C  J  M
L  V  E  W  J  C  C  M  N  U  L  G  C  O  R  W  L  W  Y  Y
M  Q  C  R  M  Q  Q  Q  M  R  P  Q  C  A  J  U  B  R  U  R
V  B  A  F  E  V  M  S  A  T  U  J  P  O  G  V  O  U  E  T
R  J  O  E  Q  H  Q  I  H  S  P  S  V  H  N  M  F  Y  Q
C  O  P  Q  A  L  T  U  U  E  P  I  Q  A  Z  S  U  I  A  Y
V  T  X  W  L  G  O  B  E  D  W  D  F  R  U  Z  I  O  E  V
M  U  Z  P  F  Y  D  Z  P  Y  Y  E  D  R  A  W  O  T  Y  F
P  A  Q  S  N  Y  I  Q  N  J  Q  H  A  P  P  E  N  E  D  K
Y  K  R  R  T  N  A  V  R  E  S  K  M  K  Y  I  S  T  G  H
Z  F  I  Y  G  H  O  A  Y  B  V  H  B  W  A  V  W  E  T  D
O  H  U  V  E  D  R  E  N  I  D  C  V  D  C  T  Z  S  F  H
B  J  C  I  T  T  D  C  B  N  J  M  Y  X  X  V  B  V  M  C
```

11

12

```
N  N  C  W  N  J  E  A  T  Y  N  S  Y  B  S  V  Z  K  H  X
K  W  A  I  C  T  D  L  U  P  Y  U  U  Q  H  Q  L  N  O
U  O  L  U  U  Q  F  V  Y  M  G  S  V  V  S  S  V  J  J  S
M  R  S  X  Q  K  Z  O  D  R  S  C  C  G  Y  S  L  K  N  S
T  D  H  Y  Q  P  M  S  W  N  E  Y  L  L  R  Y  O  U  F  K
R  E  A  F  I  K  P  W  P  P  F  I  I  C  A  R  M  Y  L
A  R  K  A  R  G  N  O  T  S  K  M  I  J  X  X  J  W  L  K
W  S  P  S  C  J  I  R  O  R  A  I  S  A  D  K  T  F  X  G
Z  O  G  U  S  W  R  F  M  F  Z  B  R  E  E  P  X  W  V  V
C  Z  A  R  R  U  H  H  S  A  P  U  V  H  E  L  P  A  J  I
I  L  F  E  U  Y  L  J  X  T  O  C  Y  M  M  Y  Y  T  L  Y
P  I  R  L  Y  V  F  G  C  I  G  O  N  N  S  P  I  E  F  T
K  M  U  Y  B  L  I  U  M  T  U  X  M  K  E  D  S  R  O  W
X  X  V  C  B  F  F  F  X  L  K  W  C  E  V  P  J  B  K  U  P
B  X  P  D  D  C  V  J  S  I  M  Y  S  J  N  J  P  K  N  W
W  Y  V  B  N  O  Q  N  Z  A  A  X  S  S  E  N  G  R  D  C
A  Y  C  R  K  H  T  I  A  F  M  V  A  V  K  Y  E  N  I  M
Z  B  R  A  F  C  E  R  T  A  I  N  G  A  O  M  E  N  W  N
R  H  T  K  S  P  R  K  S  H  U  Z  E  F  P  P  W  Q  M  I
J  P  K  K  U  F  E  K  K  E  B  L  G  X  S  O  Y  Q  H  R
```

13

```
A B O F G F A Q U M N T H H C G R U H X
P P Q V V Q J W F P W Y L N I A T R E C
T T J J R H R M Y V V R Q E O G M C E L
T J Y D P J W L B Y R E T U R N G O E
T H K S K I K J N P L G P E V C D H V R
O E O F E G K I S W I M C P H N E N Y S
J A V H N N U W O A T K A O S Z L Y S J
T D I S I F A O Q L D Z T T F Q W P I S
A G N I H T Y N A O P V M Q W I I B E
S N J U D L S E E A V G P S Q R I V X T
M A N G L F U I R D N I M H I U U R E N
Z G M A H L I S T E N R U T O B F U Q E
Y E H M K E S R I N M T I L L V E O I S
V B C C R P A G L Z U N N G D V H K N E
F K J E E D H V E N R F A S Z W S T F R
C M T W N J N O E T Y I T A C G Q W A P
O O U A I T O V C N Z A T W R B E H F G
Y Q V R L I I F H G N F N E I T T Y V R
I M U C U S M R R D H W K D R G J I B A
M M D Y W C L K E G Z J A G I I B X X W
```

14

```
J R Y T H G I M P B T C X G P Y F V L W
R R S K L X M R Q O H S Q W V R W I R A
Z Y O U R S E L V E S A A U C J M Y B S
Y B M Z T Y X Z F G G R J C N K S B S V
W C O T H E R S R X L Q L S F E Z Y A T
L E X F P E R Z S V P L A C E S N G G R
B C Q S B F G M V F I N D V Q K P R F B
O P T M B E C G J H Y T A Y Y P O X O C
W Y U G P L L F G Q A Q X D I U H D P A
Q N M Z F W N W D M T J S N N A Y G A V
W C A D E Y G L D B O Q S D U J T N J W
F P L Z S U D O F M J T F Q N O S Q T J
C Y V Q N V U H W N E G L N B W K H A P
A E Q S I D B Q Q A B L E W E W S O I X
L A D T W Z K S D Q W I S R Q L I H E D
H M X H H X Q T S D I M R O O D Y A M O
Z G L U R F S E Y I M Q U Z S P S X O Q
C P B F Y J E T L Y I X O J D A G Y H S
D F P R T P U Y H O U F Y F L R H P I S
O R G E T S F F E I H C D H S G M X K G
```

15

```
O H K V T S W L S R U D E S T R O Y E D
M T X Y I Z G H V Z L W G E E D U L H L
G G J X A C D B G L U E R I R S S H F N
A N U X R Y V N G R D R O U N D A O Y Y
X E D W X Y E P Z I L L F S W V P B Y S
T R G N I A M E R B D I Z L U E N Y F T
U T M D H G A T I A T E F U N Z S R K A
S S E Z U L J P M R C E D E S U A C Y P
R W N U N M M Q X R M R G J I W X L N L
H S T G U P E Q A F F I J W G B N A I R
J G M F G A N K C W U S T P T P O I H I
I G Q I S P A K E E G E J Y M V S X T A
T N Z S Q J P G Z X J D C L E A R Q I S
E T S A W C M K Z F C P S B Q B T R W H
Z G O Y X Y G Q P G I S H T D U D N L M
K I E U E I R V R I Z Q O D F A G N D D
F V W Z X C Y O N A F A W S M H I U S R
D E Q L P W W I N S X B V J B I L Y Y S
U S H G L O D C P M P N R T G C Z W O J
A I N Y G A S E H W Z Q O K H I S C H U
```

16

```
Z T Z C O M M A N D E D Y W B H C A G J
G S S N A M O W J R Q C S F J J R A E Z
A G H B F R J S U J F R O R Z R T T B F
R B U S J K U D M V D I S P T H H Z B A
J U I A T I H Z P F C S U J T H R F V L
R N H K S L M P F E G A B W B N O X K L
Q N X J R F Q A T Y U K I G F G U N G A
G Q D T E P B Z K T L C V N R A G L K D
W A E U D G Y L F E K D H X O H H T B L
G N V S A R Y I M E S X L D N B O X B H
E L H U E A M Y D J B H U O T P U P Q L
I D P W L W S K W D J B I X Q Z T R T L
E N O N W G M L D D E V I L S J J Q P T D
N O U L A L E U L F F L Y X S E L J E F
Y T O L F J R T P M I N T L W P K L L N
A B W Q U I C B O V K H Y G Y H Z E E R
A H Q U N J R E C O E C Q Q T S N J E
Y X A G Q J S O J X L C Z L Y K G G E
Q F K A G Z Y T W K R X D T M Q S A B S
U S Y Q M U Z S A V M L N Q S Q T I T Y
```

17

```
Y H F T W T W G F X B H C D D M P T B T
C M Q L K Z F G R Y G N T Y M L D X K L
D Q F M V M S S K C J Q N O Z E U E N X
E T V C U U P I G Y I P F N C L S N R M
R N K A G G M I R V O H I A M Y I Y W P
B D D V L G V B C B H E L J S K B B K M
C A K U O X K T X M L P G N I K A T W Y
G L B M R T A L L T W V B S F U A C G B
J L P L Y E D H R W I P N A P E S X H
Y E R C Z Q B Z Z Q N B C L R C B I X P
A R I A E C U B E R I F W A R N D G I Y
M E T R B Q R Y S P N L S Y O O N H V I
F H A N Y E N T N X P T F R Z G V T R F
R C Z F U R E T S W O Z L Y Y A I N B B
P R U W Z O D O F O K V U Z I R Q I X V
C W Q M Z G C W D D K V O N Y X J Z U X
E A C C O U N T O S T W S W A Z D Z G S
U J Z A P V Y U I D O F F E R I N G S D
S Y U P N M C D T D S O H G P L P B R S
X K O U G M Q C T G Z X G S X X Q I V O
```

18

```
D I S P A D Y F U N O F Z I K N J Z N O
M R C Z K E D W W Y Z Q W F Y E E L A X X
E M J S W S D M R H S W T U P K K T P N
M I W J K T E G L L T Y N J Z O Q C W R
M Z N O L R F J X W A H D J O R U W F D
R M U E Z O O Z O H B B J A V L B S Q K A
R I A U G Y O Q W O R S H I P R C F Y I
Q V Z T L W I I T F K S D B F I P Y R V
E S R N E M K O V H U R T V D U C D E X
V P S A Y M Y E G I A E S X O R B E P Q
Z W O K K Q D U C S W H P B E D M D U Z
P K E E R H T S A E L T N M Z O T L Q D
G R C F W P X H J R O C Q C H C R Z M
W O T H A T Y S L V I R V P A B S O V Z
I Q O R G R J E J E G B G O T J W W F S
P A Y E S O J E A T H B O C J R Y T L W
Z I L S L U U A U R V D M S U L U E O W
E M B O C B U M Q C S I X F J J L P S
Z V E O Y L L P V Q G A C N Q C H Z Y N
Q I R N O E B W W T M L C C S I S L P L
```

19

```
S M L O K M S G O Z S S W I P S U G S T
L U T C K W C N S W X V P T U B C N W D
O M Z O R Y E F U V A B J A R M L I C C
N B M Q N E E E M I G Y Q P P E N K T I
N U I V E N I B G R P Q S S O S C O Y L
D J N O C R A G J Y E T I D S U U O E R
L A V G F D O C N T K A L D E Q N L K F
G J E S R A D J V S K A D X I I R J V V
S U T T O O Y E Y R I V O Y Q E Y E R W
O B X P I I P H M P G O A O F D D P N Y
N I T Q H W J G Q A X L J F P K D L S H
Z R T F B R Z J Z E N E O E E P K S W E
W I Z O C B D B A R Z O A E L S Z C S V
X A D N A M M O C U K C X K L A A O E G
G S I S F A K H U Y E X C M A X M E P F
O N Y L D G W S B A K Z A C Y E W D L K
E K Q I Y R U Y M Y U L L O P J I Y P
S G B W G T B P S W J I L N H M V O J S
S D M I T X Y O T V S V E C Z C C B Z B
Y Y J F B Y U G N V Q X R S Y Y K T X R
```

20

```
W M W D I C D U B Y U L B N O S A E R O
M M N U E L X I W F D T O P T W N R E U
H M V J D L J A U C Q E T S E I R P S G
T F T E E F L G B T H E A V E N S E F S
O B F Y Q T U I V L P Y K X B N D P P V
R C I J L K M N F B Z M K J K U S I B W
D K O H A H T W Q G I I N K L Y M P U T
S M W M F I C Q M C S K Q F S X O W X V
E P D T C J O T F N R E V E O H W X E D
M G R O X R Q D U B W C G B G S N S W Q
I F J B W D Y G C X C R L V W C P P S E
T A V F F M E D A M A M B O K M X H C S
B T Y M Q L W U J H J Y B T N X K F B U
Q H U V S Y R O C P M N X I H G W D P Y
C E P R A I S E A J H K G C Z N E R R K
Q R F U A C D P V Y X H B L J U I R X J
D S O P L U R B H C I T F V Y E F E C E
R Z S E L I T N E G I A V G S H D A J A
G Y Z F Y Q B M H L Q O D T S V H C S Q
D A L G N I D N A T S N S O I F C W L U
```

21

```
M A P P O I N T E D F R W P X T V J H A
V Y Q Y O X M K K N Z Y O I E D Q X U X
F W H D N C R Z U T V Y M D S H S Y N D
K F J U K T U G E C E R E D B U K R D E
E D R E Q L Q V L E C L P E Y H H W R L
O U C R P A B I R S I P B N Q A L F E I
C A H L C W F H S V I F E R U B Y B D V
I W I A A K P I E J C N N U U P L N J E
N S V Z U V B R F Z G G S T F L M N J R
A K W J E Z E N I O L Q J E D T E T I Q
P R P C G D P O Q B R I E R U R C Z D A
Y J A W H P X G Y D N E T E H P E J R L
B G K N Y K F N Q Q E G V T R D Y O M C
D D Y I B J B O N Y G N E E L F T O M L
G H T U O M O R H U I R M N R E V A I G
C B H Q R B H W B S B R O B E M K E Y B
T E K C V N U A L O P P S Y U M N B Z P
I K P Q Z B W A L J O X Z C Q L I H S
N G X M Z H V A I X J N D E L E H E E Z
E G E I S E X G T N F P H V X W T J S P
```

22

```
R V E U Q H G U K S A K N P Q K O T Z P
H E A R T S J H O G Q U V B W Z X S K W
J M G G W T E Q L F M O L A W R N I T R
K G I M R D T O G T S D P U B A A Q P X
D N I A P G N R V M X E Z I E F M T N M
M I T I S C M U U Q P I E Z L W N U A H L
P R U B T D V N M U U N E D S Z H Z K P
N A R I H U T V W S E U T I S E P C Y L
J E E Z G B J L Y L N E R P F C L U V D
Z H T H U Y F D D D C S I W N L A G K U
N N A D O O X B E Z D I G H J A K R M N
N D L Q H H O R E H E E C P A J K D N
K S Q T T P S J Y Z T U S E R W W N R
Y V P P Z T S T A I F S N S S Y I U D N
I U W Y A S W O S X I K W C D K O M T D
C S M N W P E P D T L T O L X N R M C E
R C D V F Y N E C Y O B T W E Z M P A R
J E E R X P V C X B E N O R Y L E B A S
E J V E A B B M M P T B N E O I C V Q U
I U M T U K N Q Z B K H O R J V A B G A
```

23

```
R Q T S V Q I Q L W Z W B J E P I P F Z
S N X V P N E D N O I T N E T T A G P M
Z C K I X D Q Z U M E U U O D N G A E V
Z A P K I B F Y Y Y A C D S C H N I A E
K U J S W N F H G N Q B H V A G J T R Z
W T A S T N F L Q N Q Q C I E T X R I M
J H Z M B V L W X V S P G R B U W U W F
H O N D U E H J C H T K B K K A U T Y K
S R P A A L H U N X E T G F E W D H F C
P I J E W S A J Q W M C D G V Z L A B I
F T M L L W W T S X E E X D R O O Y W T
R Y X Z L L R Z R E B A N I A R G H F I
V C A W E P F G N T V W I S E A A F N E
Z X B T W L B N I Y Y A Y P L C L M W S
R L J B D R M V L V V L V V U B I U T
X H L A G V C U G W I O R S M S S H G J
W M R L A R R I V E D M W S D E E D H
L W R G N I K A E P S B I P Y G F Z P U
O L X D W G K O S F V T F W L O L W K E
Q G M U K Q V S P O G O E V K Y J O Z R
```

24

```
P O P T Y J E C C T Z T Z R L J J M U T
C D E U W T S Q Z J K C S F M A C M E V
O P E W U N U T J E Z I I E U A W C Q U
M O N G F E W Q L Y Q D R X R V Y R V T
P O O A Y M V A A C F L Y M Y T U P W E
L D L S G H O P R J R Q I V R I S E Y N
E K J A N S C L X S C E H A V B X D E T
T E H B I I K Z Q W S W Q H G A J S H E
E W U O E N Y A S S E M B L Y T P B C R
L I B V E U P N G X E Y M A I T P E Q M
Y D E E S P J V A Z I E E C L R S Z F
S V H G R U Q C J P G X V B I E F I P Q
L B S B C M G K V D N M S P E L G D I F
V W B V Y U H B H E P I E R F T B E D I
B A J G A S E P Y F Y M A G E L Y A W C
X C R O B B C K Y L V A U E V I E C E R
B B A G E W J R C M A A T J S G M S B S
W E E P H P U C G P Y E Z M M D H N U O
R L U A G H B C H I M F S I H W J R N Y
C Y I T R I K I N G D O M S G R D O N Q
```

```
P R B B X Q Q Q O N U H Z G U Z H R Q A
T R E R L G U H Y X P Z P E E H S V W
U G N L E T W K T C Q T N D X Z U Z L W
M D M P S A C A A I S Y R C U T E U A Y
C R Y P K M D R R A D V R C U G C C G Q
C V P Q G Q R S L R E W H T U J G U Z D
Y D A E D I H R R I G H T E O U S G N Q
E V K X E P K W O N Y W C Z Q H Q G O D
D H R D B Y F T B N Q F I H M S R G N Y
T T O S Q S S U P A O T Y S I U G N X T
N S Y J B P A X Y C D H N I U L C I F Y
S S M T U G H S Q O C L P W S K D N C X
F M O P N Z Z G N I P J O P S F D R T O
O D K T E T E N U V D E I W R Y X U I S
L H V L A R A I V N D T B Y U S A B T N
L K E E S K A K N H W Z E D Q T S F W
O O F T J Z E L X P K H P N Y D M P W P
W L X W C M W S C S D A E H T T Z U I I
S P V A C N D K D E D E X G L O D C B Y
P I H K W J N K J D Z Y O C H D S J H
```

```
M T G N W D F K R E H F F U T H A F P A
V W V J C X L Q H X W B L H K G A S O G
K O N X U B E Z X C L D M P F N G W Q K
L F V F R A S W T K N Z A Z Q I C M G T
L I A H E I H W Z L Q I U W L D K C L P
B E B I R T G Z K G T V X G N U N M V C
Z F Z S V Q H Z K D G U J L R Y R A
C J Y U Y O I A T P C M J Y R C J F N Q
D S A F E A J C Y E L E Q M R N X J V I
P I S X R Q G I K L O F C N E I S V G K
N X R A A M A S T E R U L E D K Z A Q T
C O C D L U X D K Q C N S N R U L E S C
W R B O Z V L C W V L I S N I C S B Y I
I D K Z L O A T D Q K G A L E D H X D A
D E K L O P A T I K N H C I X S X T R X
U R X K D D F R I J E T P Q E R S V B N
V E E K R R F X B O L V Y P R E A L E D
R D H Y Q A I T W D N V A P W P I I V S
V F W I C K S N C K C G Z S C X M U N L
D Z K J H K R Z K Y D E R E H T A G J S
```

```
H F C U A P V K M V R D D T V C X I V S
N E M L S C A L M Y M F U O I H S W E Q
L L L D G N U A H K X O L G O Q N C N C
I L H L W E L U R V S F N X B L N I X U
I D I R F P T K G R O I U D A I B W E U
C L X D X E N F G G B A U F R X O C F N
Q O K G E H E E A I T A L P Y K W P E B
F G N I A U L K A U M K P R K C K Y Q W
H H S P D N J I Y J V R N A E H L V Q Z
J X P Z P N E U C W D G X T S Y I F J P
K E I V U H P E K T R T P K S S A T M S
N S B N C Z E Q L X A M F J Q D E R B G
Z K P A V Y R V T S H R S K O R I D P Y
F I S N S G Y G T R B E J Y G Y S D D T
U P S T R U C K O Y F V N O K Y W F P L
A T T A C K M T P W O O J Q C X C Z Z X
T N L C K H U O M X A E E L Q A Z U D L
A Y H Z X R D A C A N R B A D Z R H H L
F O R Q F A A I P Y M O O H R K A R G B
L L P I Y X O I O W K M J L S S F Y Y N
```

```
Q A D E V I E C E R W H E R E F O R E W
J P J K G N I G N I R B X C J O V D H Q
W G N I S S E L B K M L M H V S Q U E M
C A Q Q V C K J X B I Q B R L B H C G A
M R D B V N G L B G N I W O L L O F Q V
K V R E Q W U R I E S S G B A Q Q E H P
X O U D L U O V S C E H R Y W Z M J J P
A K N O G T R N N R V P O M J M A C R D
D E X F H G E P S B E S A L W A Y S G G
L G J E J M U W J I N O J S A F C B D U
G J R W O H G U N U S G U M E Q Z A L I
M G W W Z J X Y I I U O G F T U X L W A
I V R S R O T S E C N A N J L Q K R Y Y
P C I K W K O C K J M O I F L D Z L I G
U P N E H Z F A P K W W N F H Q S F J J
V Q S F T H G I L K T Y R N W O R K S B
D I E V C K Z P G K C C U K V F U G J W
R Q Z F N S H P J D X T S G V B L L W
A P A R T C R F V J D M D N G U H M R T
V A W N T D H R S W O R D A S Q P R T U
```

29

```
D H S E V F N D L B Y N H K T O Y A U M
X O G I I X R O W W J P S V Z E I J J R
E Y C E R I M E A N S F H T R I B T D W
I U L B J P S Y Q M A F R A I D I B D A
X D V U N S Z H G U O N E U N L S T L B
Y A Q G T S R B H M C B A B C A J R D E
U B J T D W E D E E L D O B K V D C C D
D V M D P C D J R U K E D R L H P I P S
Z C A E N O K P I T A C P J C W F B M L
Q T P V A Y G I T Y R J M E J I W Q L Z
E G R A L T T I A H S A Y G R Y S H K I
U U J T H A Y L G X T L O C T K Y M P X
T N A P S A T C E T Z M A U P R I G H T
F T O G J E G C E B G S N W B K H W X R
H R I K H G U R W D O Y R O J M F N M N
Z D I P B J L V D B S D A L G C M J S J
F R O F O V C O M B J V L G C C H K P
U R B F P B H G X K Y H N O V U A Z S H
P I I Q U R T G L F L U H K D M T A U Z
W F O Q R E F I L Y H B G T E A P Z T V
```

30

```
D R Z Y E A R F F G V K J U W Y Z H I I
T D E R A L C E D Q N L B N D S A W E N
C X D L Y G N I X U P I J M O W N T F G
O M I G S O Z B J U V T H E L H D H S K
V U L R I L M L Z F N E C C M N T A N P
E H T M M I Z P V I I P H A O U I E J
R C A F B O I P T O V R S U I E Y I C O
E N U A S D Y G P R I M Q F P I T F N N
D J F T L I X D E V N Q U B I P K Q A E
B U R N T Y N S E F X N Q T O O C S I T
V W W I I K O R A Q N E T S F Z Z K V T
U L H C T A W J N T B Q Y O F K P B Y I
A Y D M C W Y A E H K G Y E S O V U R
Y O M K H P O T S C Q E A E R Q G E Y W
N U F Q O W M L L E E E Q J E V R E Z P
Q P S G Z O L A G O X U B S D I S V Z B
N S G C Z G J R N O G Z X L H I P S R P
K A R J M C T Q M N M X C A F F C B S V
A P N Z U Q R R C E W E R K Z L Z U D
E S G U Y W G N U N P R U I N Y T J M I
```

```
W G Q D V Z V G Z H E S A G I T V T L H
S I W V X K D Q C U K E U H W A P A J O
K R S M B D X C I G Q Y T T X T J Y D Z
V U J D G V Z R X T U N C V Y Z H W Y H
I B D Y O H Q B C W Z P W K M Z E O K S
G O X J P M H A S T C A C W R L M C N Z
R M Z Q P U W A P D Y D D T V X I C M J
B X H E W Z V O T E U L H W A L K E C O
K X R Z D E V O M E R O M I T J Y R Q B
S T D E C L A R E S U T D Q D D N U U L
Q Y R E A L L Y J S Q C A D U F J J I F
Q I O J M B I B A B S J W F Q E W P N O
F K G Z F V D N Q T E S O M E T H I N G
W J K V B H D Q S O V E R E I G N Y P E
D S N Y H R U H S U W V S O I W P W E U
F X F D Z W R B T C D E S I A R B I D T
Q W A T E R S U E B E X C L D E R P A H
L P V C Z I X C I J N D V I C T F N X G
H J O O S N T L S Z L X H B U I X E A I
K E R J Y T F N C N Y N A E L C N U S F
```

```
Y L Q N G W O N K R L P W Z F L G S B D
R I E R A B I U Q D R E J X J D G L T V
G S G E L D T H L N R E N M X G T K Q D
D R Y E C V T V T Y I T M T O T A T N E
M G U N O D B J Q L U T Z A E U Q I B S
E N P L A T W L Q N G X A H I R C W N M
T I P S E Q X W C E G Y P N Y N E Y P G
D P W R V G B V K Y L N P D E D W Y
W E O E R Q N V A A G S U W R K S D A A
E E Q M A E B I G E G U F N H Z N S C O
P K T G C L H L W H M C H E J G U J F V
F J W N K M T T R A O T T D B V R D D N
G K B L B L I H O M U D I O Y W O P K F
W U X Z R S A S M M K T A D S L O D L U
Z S O D F L G A G B V I F A D E V O M T
E T H Z O P N Z A E Q D N Y J J E K D C
R I Q N S D C Q J X I L K G A P M C W P
G D E A S E I X D Q H C Y Z S M R L O S
Q L U M S O T O L L A M S T M T V D Q Q
H G H T E K A T Z D O N D A R R A A Y J
```

```
D G B P E W O J H Z S V Y F S D H J Q B
Z A E Y B P D I X F G P Z J W F D V C Q
J L F L I R S N V M E J U P F K S W J A
R D I J A A M C A L G M D J A K C G S G
K F D B B M H K B Y X R N W C T H N G T
E J W A V O E L U U C G K G O H B I X R
G X Q W T C Z O E G V F L N M B T E U
D A D T H I N A F T P H F K T T Z E N S
U K L S V N P R F S O F O F I P C E W T
J O K T B H V U I U A R T P N S R M D A
W Q D D A I S C C Y A W U L U B F E J J
X D N B W R V O I P Y U C Z E B I X P W
A E U Q U S I V A R H N L C D J E E E J
L S O R C L U E L C O N T I N U E U O F
M E S R N A M N S M V N Q V S M L T Y S
G R Q D O J H A G U J S R X W X A Y S X
X T B G R B Q N V S N X K T V X E O Q C
D Z M R C H U T X E L N M H V L R R U C
F U O P J K O I P X P T C T B C I L R L
J S E Z D C W K H R O V R T A P F P Q A
```

```
K B E T I U N S N Y A G J Z X F B I Q L
D E L J I H E T E L P M O C X F U H I O
S S Q A X Y O E Q P O U Y H B C I I X
H T I C V N D R R E S P E C T I L Z M T
G J H X X V B T Z I P N S V A T K S U
N L O M U K R V C J V O W A M M D Q X
V E K U H J B P C A X K M F J F S F O
K F S H G L J D O V N N M L Q T M T W
X O E E T X I H O H J N T T F T O K I O
O E E H G I V E T H S M F C I Q N Z N O
P I P O L A I C E P S V L U K U U L J
V U A L I T H Y S E L F Z V R T Q L O Z
W U O D Z B Z D X E Z J J U N T D Y L M
M P N S I F N T N E M E E R G A L W L I
F J L Q K X X S K N V R N S Y F U S K
D O E M L F P V V D P C I S I Q T F R K
R J W R Z W T V E A P K V G L G O K F W
M I X B U U N Y Y Q R Q F C V E P M U
M E E T K S V K B R X A Z I E I B I C R
X J G R E A T L Y S Z W O Q R D K U Y X
```

35

```
D Z J M J U N F P M N E W Q S R C T R M
I R J R Y K B R F A U L R W H U J E I M
S Q J N Q O E M O V I C V U D P D R H J
C Q W Y Y P U E I B C A W J A N M R X C
I E H J A M G C B R G N M T B H M I J U
P G W R V W N U J P Z R R O G D N T Z A
L S E C X P E G L D N E V P Q N G O K P
E D E T V Z V E N J M B B J E Y H R L N
S X S C E D A Z K I I A D D K S K Y J P
V K X P R S J Q Z L H T U E L Y G E Q N
V U W C U E F A R I G T G S A N G R Y
D O A R E U T E Z X I W O A D S T J Q C
C S E A G U H D R T Q J W L U J E A T F
X J I D A T F P L I Z W O W C B A L G P
R B T Y E J J U Z U C R R E Z Q M A B R
G X J H A V M B W C T R Y B D N Z B M J
O U W D F U T L X A N I M A L S W G A
E Z Y E W V V Y N W L V N N G N O T Q
J K E G V F H K E P K M M D Y Z H D Q D
D P L B U A S J K N U P Z Z J Y O Y W W
```

36

```
F U Z Q O H K K J E N I B O T Y R U N H
Y I X G Q G Q W Y S T I W E T B S L A M
R W M V D T A F F I R M A T I O N F E R
E S J C E C H S V R X P L O W N M K B
M C P J D H P I S H X F X L A N Q L U D
E V O I F T F A Y V Z R O S S Y L Q Q E
M P N S H O F U R U M U R D P C O O L C
B N I L U T U L O T Z I W S R F G R B L
E B A R M K E X Z J E T N K E A Z H U A
R Z Y N C A Q K W H B D I S A R K L U R
F R Y W P C E G A X N Z T Y D N I U P A
A S X R V E H R J E D F D M C O G I L T
D C Q A S N M U Q U P B B D P S Z U W I
T B S L B Q S L N J K S B I O M Q F E O
P G K S Y T X E S B R E D G V X L B I N
G P Q H I C P R G M Y K Z B O D Y X C Z
C Z U C H F S X O B S E R V E D T T N
R E V B S I O G M S L B F C R I E D J
R R P C O N T R O L V V N O F B V Y T
N B R F E M N T E Q T H E L D V R I H N
```

37

```
X D Z S I W V H D F K M N P D D S H N R
K A T V U O A O V Z V K Q Y B E F Z Q Z
L U A H D W G P V R D U X U E I K H Z O
G G J R O I E I U F V P D H Y M A B I
T H X B A B Z C Z D F Z U H E E X D T A
I T R S W E N L X A X B J J V P Q E L Q
U E O N R U X U X J H T T Q O T F S A B
V R M I O I N C C N H C M G A G Y I N X
T J A D F X M X J A K Y C L L X M D Z
D J E X F F J A S F R E Z T K T M O S Q
T U E J G B J P B V N X G C W K X R X R
M O U N T A I N M O B R I U T X J P M Z
C V T U S I Q O T Z H U C T P B X O B Z
D G G R L M X S C G Q X Z V D R U E N N
X V Q E V E H D K B E S E L Z E H V C
J B A X K I N D N E S S E V E S I V F U
Q D U G G C S V L W O U M T S U X T U O
L A K M B A G A D Z I V B V Y L E T K R
E Q C F A M I L I E S H B K E T V I P Z
X Y H G S M G P U T T I N G Q K M P D S
```

38

```
D Q V B Z W A D J G P S O S Q O K V D S
T O U T S I D E Y N S A L Z G L N F K T
F R J P V O G P V S K T G F M K E G Z P
T J O B M G T U R U W V R P U H H T T C
B C Y O N H R G S G U E O I M M J P Q O
L A B R P S N N I S E C I F I R C A S M
A P H C S H Q D E Y D Q A I Y Z K R P
L A E M T A T N Z T V E D I S N I S R A
I K Z O D K O F O R C E E P W A Z B N
T L Y C G B P P V S O D I O K C H G V Y
B J W Q V U L E J O P K R L D Z W W G C
G L Q W W U G H J R Z H E E F D L P Z
D O X T Q H E H T R L H F X T B N P O X
Y C W N L N A B J O V Q T A G T M E V O
S S E N R E D L I W W L B F K C E T E J
F V U M J K T X A L R E A D Y E O B R I
E N E X E J J R Y O K A G I T Z S D C Y
R H L I F V V Y G E D N I H E B X I O Y
V L A R H T R C N H N B W F E E L A M D
T S U O I C A R G F N T V B B D H H E L
```

```
D W J M Z D N J L B Y X H L R D I U Z D
S P T L X O Y P U A B V D P Y C O L U S
W T O M V O G B Y T Q T G O H O U S E S
K Y S J Q O B O Y F V C Q B U W G S O G
E G E O X B K L T Q B S P T J D Z Q D H
X B U X H V H O W T N U P K T V H T S Q
V W I Q F X S W U P E S Y N C R H T N O
N L Z Y V T S T U D G K A P E A H H J O
C E E U V D M K C N N J R D N G T W H N
Z S V D U E N Y R O Z S I S I A F T N S
X I K Y T T I Y J C A U V L W O Q L L Y
B W N K V T V O J E G M F P Z V I K E E
S E U A F I F U O S Y W R P J M U V L D
F K P E L M P R C A V T C T C S U D V G
G I N R I M A S P I E V Z L Z A W Y J L
A L E B F O R G O Y B F Y C E E P Z Q O
Y I S K T C P E I W T C O R G A H F I Y
S N O O K Z Y V R X G V K A I J N F V U
S K H D U G L M F W E G P O A K J L E W
U P C L C G J V Q R G N I L L E W D H P
```

```
C T A T R Y I P E O P L E S Z T B E Z M
V U B K R G E C N A T I R E H N I Q C G
N E S P P S N T H Q A L T H O U G H Z T
V H B C C J L Y N O M I T S E T U R S H
I Y Q E O U G Z I J K X U C K Q E B R Z
L A L K I D E D N O P S E R J F G G O W
A V G D F R M J P K O T Q J B X C X J M
N F S R W O S S E T X O K P N U R O H
R Q S V Q L K S V F Q U S M A W O U Z D
E M H I O G E Q X R J M K I V Z E H S E
T S Q D B N I N I Q U I T Y U V S K X W
E W I A T Q J I O Z J P Z P G I T M O O
V H C I I X Z S O J V Z V N S I E N L L
Z J W J P Y F L A H E B O L Q E H Q P L
I A M U R E G A R D C L Z C R G P U R O
J R P I B N N I D M E Q V K U D O G M F
S B F S B E N D I B H J T B G Y R Q F Y
D Y M A Z A R Z L T U K T E I N P W Z O
X N W J P M K S X A Z C E Z I A R M A F
N Y D X S R E H T A R H M L B B U C X Y
```

41

```
T E S Q P N I Q N O P I B H O I E X R G
P Y B O O A M T X M E J L Y Z V V N B C
O F J N Q M E S H N F U S I I M G X T K
V G T U O Q O A U I J W K F I J R I N E
K B P I I Z U P H L D I Q V W K A D X R
U B E E Z J K S N W T R Z G S P C L E D
T K C L Y V O L E B M E X X D Y E H A H
A M X L T J N T T V E Q T T W Q T G J P
C J E K A L E U P H H U H Q N A R L M W
C C W A N Y E T X R Y E C S G E Q C L W
E Q D S M I O O I O C S N H D B F C Y L
T T J E S O Y L G S U T G B W A I O R I
A L E X R O R D J E M L A W O N X T M Y
C E F D O C A N W E W L U B A J E T O R
N W X Q J L A T I R G M X S U O D A E J
U D R Y C G L S H N J O A T O U Z J C E
D U A L N V F N Q J G N C G N I T I A W
R S G N I S U A C E B D O C N N V O Y Z
D Q S Y Y S A Q U A G A P H G G P U E F
F H L T L J L M B Q F U B M H L F H H N
```

42

```
S Q H Z F D R S U A V M U T B E Y O N D
L N C A U J I F I A S P L C L O S E M T
K N W A I Y Z V H I P I J T E P J O Z W
S Q C I N S A E D C W A Y I U O H G L M
X X R C Q V A Z D O F Q G E E R T G Y I
B S Y S Z D D T D N C T P K D R G F V H
O X K G M Z H B I S W F C L D P V W U G
W R Y B H Q M F Q I Y P I K G C L V S W
R M W I A C T T Q D S U W B N U N C T Y
K Y S X S L P I L E B V Z U Y E M S N N
O Q F V R W G H Y R U U C A A E W J A X
K L V A E X U I M U L F D O A X Y U T Y
G L L J M K A X P K F W Z S O U Q R I H
J V Q W O F R X V Z Y R U E Q O Q Q B D
L B O L V Z D R B G R N A Z Z B R A J
X P V N E J V S O O E S P D Z V Y P H F
W Y L G S R E H T A F X R X I F X G N O
L W L G I N S T R U C T I O N S K F I Z
W N Z U R Y G F I T I S S E R V E D P I
J D F C G Q Z Q K X R M A U Y N L C X I
```

43

```
O P T N C M L Q T J P C Q V Y S P J L M
B W E T I R I P S Y L O H E K Y M O I V
U W V C W H W A G T G O K P B H B S P R
I B U G S E V E T K I L I Z F D F V L I
L C V K U T W E N T Y H J V O N Y E U E
D B U V U T L W U M A H Z F H U M A T L
I Q S E V I T A L E R C Z P T W M A H B
N U P N Y Z B Y X N T O K E C H L A W I
G E E K S D M I T W I E N E B K E N U S
C C I E M G L R G O N T O V D R X H O N
R O U S S W N X V A S N D I J T K O F O
N A K F J Y E I H I T R N P F C D N F P
H L E Y Y E J M R Q H R E W W G F S S
S I T G T P L J Q B J T E T S O P U P E
I V G T O R K S O L D I E R S S A E R R
A E J A U Y E W G N Q Z G C Y Z S L I H
R A A K F V W P H K D G N I K R O W N F
A U J R P A Q K O S F D J S Q N Z F G P
N R N O K X A I D R C E W X O Z P D E B
G M W R A H I C A Z P U M J M X H Q J L
```

44

```
U S R P V B J C U L D Y E U K W O C O M
E V M I C J A Z T E N T O Q W X E A C M
U J A O V B Z W V I N X I O E E G Z O A
C M T M T Q A O P S T Z V X Z J B G N W
U Z I C Y E L R X I C Q H R K D J S T T
Z D A N J C Q O L I O E D N A X Y O I P
A O W U D E H S I L B A T S E N M G N Q
C W T S R M S B B S K F T L C Q S Q U X
G F L E S T I P L L U U J Z T O E L A X
A Y M V X L T E W R E T A E R G H B L W
W A X N R D Q R N H E T H X R E T L L L
X X R M E E Y H I E E X P L F D O Z Y H
H G T O M K B J X B M M M M O I L R J R
U L U L S L N Q C G E Y C F M E C O B F
E D L Z K E U P R L K S U D C Z N J D U
I L A A Z E S W T V R F Z I C C U U T F
Z A P B W X F F U M G R O W P C A Z C A
F O X F W O O D O K Q J A Q D S D B V A
Y H K J E Z K F J P E P F W O Q R M O P
L Z O K G J T T Y R C W L R Q N U A W Y
```

```
V Z H I I N P L E A D I N G Y Y M G I E
Q L H T I G Z H W O X D U M O S R U X
I Z V E I W Z L H L U S F L Q R Q I D Z
D B O L V Y V R J O W I K N E X C E Y W
T K X L I C D S E M E T G G J A V F R Y
F S W I N K L P O P R L N X S P D Z B C
M P E N M U W Y C G S E B N O D S D L R
J R K G V F D S D N S K I R U S O W P W
O O N J Q W D M Y S S G P F A J B P J Y
E M V K N L P G E S L J D K B G Q E A N
R I P J N R P M D E I N E U D V W S T P
A S W Y E C M Y K Z J P T R J P N B N Y
K E S U T F I E L D S A R Q E U E K R J
E N E D O Q U A Y H C A B K O S B V G Z
V Z A R E A S C S O G U U V Q V C B G H
R P T K V R O I R D C E R R H B L U C F
N C E G Q U L D X X P K O T A L J A E W
O L D R R O L G U L M S B W D I A W V J
I A H T O D E K O H A G R W L B S J Z D
P Z K F O E N A D W C A Y A G I H E C H
```

```
C J I E A T Q B Y N V F Z W S Q U C I U
O E M M S Q D M E H M L Q P C Q P T D L
W E T Q N C R K T A L W R N H G A O X B
Q X D B Q U R K A A S D M X I L Q K E A
S P E E E B Q O Z T E T S A K S J L G R
G A D N X Q N W W Z R S S I R Y O K B A
Y K D J S F O Q H D U R N J N G Z T A
C D S D H X I R Z R O G O Q G E B W H Q
X P S Z J T L N H V O I S H N G U P E
F H S U Z J R J W P W A N V I N L N Y Q
J I Z D G V O B M S U R R O U N D I N G
R V N Y R G P K L P V G F Z W Z E D H
X U D E C A R I G Y A N Z Q E S A C G D
J Z E P N S W E O D O O R M Z Z O Y H S
Y T L U Q T W O B W B M A T R X G C K Y
D D B N A K A H T D C A P R O I M S E T
W J U X X O L D O A A D T W J H W D A M
T D O M H T L Q A Q C V I Z K R C J U N
L R R U Y O S K W X S T R A P T U H R K
D T T Y M E S S E N G E R S Z D F K P I
```

47

```
J M D W L W E A B J M D G P L W C D G A
H I E F A L L E N G A U N E R V W E I H
N M N S W A L L O F B T L D N G B L M L
I C G V L I V S G Z C O G J P E B I D I
P Q I Z M X J O D Q M Q W A W J J G M F
O U S S Y A L E B Y N Z N Y W P E H E V
L P S K C Z L U W C Z E Y L L S U T V B
Y Q A T V C F T P A U P K X I Q H Z A T
I O F G Q I H S L N P S C R B W E D C G
N J B U N V P O K A L X O E A Q J N E W
G Q D N L E G H H G W D V D D E C R V E
I T E K C L X G U N M H H N Q F H K K S
R R M K R N Y Z X I N Z C T T N S J X T
N Z R J E S C Q R N C E M R A I F G C M
K V E F D S P Z D E D C Q L K N A C J S
X A R R A I J Y E P I N S T R U C T E D
R G J J E N C L O O X E B T H B F N P C
M T X J L P A T A U F W N X P E X Y Y Q
T Z A D W X N H Y K M T C C I E T S K Q
E D R E S Q W W W O B P U K O V E A P B
```

48

```
Y L B D Y W R P R L R P O T J S G I K A
R K E Q N E U K X T P D E E H E G T Q E
K S U R A I J F H R D B Q F S N D E J S
X Z H C M P O E D R A W E R O O L Q T B
U K H T G Y J X P P F I G E T X H L J
Y E B J R H M M G Q X S I D S S A J E O
D E L L O V I W D A Z E U G G V K N Q I
U J V G A T N E T A E T H D H X R I C L
I A Q D I H I C B Z O A U S D T C A O B
X E Z S A S C M J Y S O T D C I I C G M
G F F O J U F C I Q L N Y F W G T N S D
M C G P O T G H Y X Y V M I V M J G F
F Y P K C Z Y H P E X U C T Y G N X U D
D K X A Q V K Y T Y H B D C K R A D Q N
F A F S F Q W K E N Q K A I U I U L J
K H Q K C O L F Z W R K F A I H W B B X
E Y G Q B B N Y H X K S E L D D I M A O
X T D S I N G L E Q Q T Z D P H W K L O
I V J C E J F N K Q U O M M S P Y R Y M
A C J K I F U R V C S L A M I N A Z S L
```

```
49
V S N H Z Y A C E F T D U N A E O A U D
F C J P V R L L G G P V C G R W S Z K R
Q M T S I N O B O Y B N D A A N Q P T Y
S R S S J Q A D Z K S E B R I F P U O Z
Q I E V L D L R P V E E R A E E N R T M
H S Z U L Y N R Y K H I T A F O E S I Y
S A N S Y U A N F B O N O Z W G M A F I
O E H C M E H Z X R U A Y M U X V X V G
Y T C S A J B F S O Z J R Z Z T W R H S
W C C E I W Z C M D Y F T N G E S E T V
Y G B I I J G L R O A D I H W I C P E D
R K H B N P H E P E I M S P S N Z X L V
X R U F C X T O P W S Q K M A E G G L Q
G I J O C U W Y J U K Y Z R L M Q E A T
K X Q T H E R E I N A Q T H A P B U C S
E P Y A R B F K O T T N O V K I G G P F
Z P B F Y J A Q O R E B D S F V E W R G
G L U Q O A O R A D I Q Q A K Q W V X X
O L K R O F L E V D E D U L C N I R N X
P L Z O N X D E A B Q W X K N U R T S Q
```

```
50
V A K T U F O I H L N S B E W R Y A O G
S A S L M I J N A A C I X U U F V K G V
T S S T D M P Q J C L S N L V S X B D A
N Y R W A L O V Q A R F Y U B S R Y D B
E X V J Q Y I Y O D Z B D E W Q D J O T
M F K Y L H E W D K I I E N M B H J X S
R I T F S Y S D O T K A S U Y F C D Z F
A H V K A U U E O H T W U J H C L G E G
G Q Y H I L L C W C R X F C E V U P S T
E O U K Y E N R U O J M E M U T U S N H
H Y K A W N Q E O F S R R P S B H T E L
O T P Z K O Q V G E E J C K T Q V R S Q
A N W M Q H B A M A N I J W T V C A G K
A G B M W T F I K S D V A V Z H V N W Z
Z R X E A N G E L T I D P O T A H G S X
U B P C A A Z Y E G N K W S H E W E B Q
F X T J S Q B D K G C I E U X C R F R
J V E P Q Q T O M D Z M T I M G M H Y Z
T R S Y R X G Z R K T S A N V B W E T C
M U E G U L Z E W L X D H T P F P Z A W
```

51

```
N A K M H P S Y I J B F I D L X D K K V
D L W P A O O T J V V I W O G Y N W J E
I V W X N B X S R B G N U O M G T R L X
J B O R D E R M L J C I T C R H I K X W
Z Z C V E B Q Z H J I S E T Z K X X M G
Z G T N D I I O G Z K H A U N U E U A B
W J N O I T I S O P H E C H Q D H D K Y
E N H U A M U H N Y W D H S P E B D N I
F D S M Q U L O T D O N D X K I E T L S
O Y L A M S N F W E B K U F P D P P S T
U L A A R L H F U E D E R A H S Y I N R
O R I B G Y F F G C U N A K W F E J I I
M E N J S M V I I G H S E C L J Y G A K
C T V N Z O N B N E T K O S L S F M M E
T T X E P N E I M C U R S E R D C H E K
C U H R I V K O M I N G Y K G O C J R T
G L N H L W Y Y A W R O O D O D H R L
W A G K A U B A U F M G F R L G U F K I
H G P W D E H C T E R T S G M H W K R K
L W F A L L I N G C N L I W N D X X S I
```

52

```
U U B A S P A D H J T S F Z K B C U T L
I N Y G X B K O H T E N R U T A Z H F S
S E S U W S P I K L G I F T S U P R X K
F A P I D H X F K J W A U B D N A Z C L
C F D E B F L O O S E I T N E U W D Z O
V E V D R Q I W Q P L F N W I M W A V H
O A V I X J T B L X R C L D H B J W R Q
S Z N L K Y G Z V X J E I Q I E L E C D
V T S A F D A E T S M U S S P R B E V V
R V L R C D E M U S N O C E F E D P Q E
S Z J E J L W A L J N A F N N D B I G G
V X V U D R A B Y U E X F P T S N K F
E A H E N F Y H L U P R O D U C E G X L
R F I N R N U X K N X H C V L R D M U
A K U E O R O S Z R E D W J U J G W U A
P R C H C J O S Z W L D A P R K N E E M
E C C W L N P R S K K F L N H M I D C P
R W U W G H G Y M Z J Z Q K C F K J E G
P E S U F E R Z I K B P N T L E S Z I R
Z Z L T M P R K F C L H V T F C A G V Z
```

133

53

```
S G L V L Q F B P N C U X M W T J T P Z
L T J C Z V M B S O R W M B C R L R E U
V I T T J A S E E E B C M S G U L I N E
I Y S Y V E W L L V O M G V F I P Q S J
T H J V O E I E C T T J I M J X C R K
G B C G Z O H Y R S F W T Z O A Y W Z
W U L O W L E I I N U E Z N P R X G B
U P R N N W T R O V A U H R E Y L Q F N
Y T Y A G S H G F E O S O B O Q V H E T
W G E A A C I N B V I L G C G B V T A S
L M E S D T I D A W W B N L V V I S E R
H D I N I E V O E M A F I B V M F O F X
V D K P K S H Q L R P C T E S V H K D W
C H U S N Z G C N U E M T F C W O T D I
G N I T T E G M A F I D I Z S N A C E M
C B V S M Y H C L O Y N S X E N I O A O
B P C R U S H E D D R A O K A H A R L I
W I L L I N G C K B C P T X R T C N P I
K V X E I V C P O R G L P W C P E X A R
S P G T C E F R E P J N T A H B D L A Y
```

54

```
P G T Y S D B U B R Q A H W T E R R O R
H X F V G E V S P A W W B N C M O T I U
E A Q P H T Y K D D V D H E A O Z K F P
R M D F S N Z Q Z F P Q I Y R H G I L G
G N S U E U V G C F T L D S A I D Z Q V
N O I P R O C L A I M M D D F I C P A L
O K K G Y C N C J D S Z E R S E Q H H D
I D K E H A K V Y Y W X I N T S N I A P S
T M A C V H F G B L B Y R C B E W H O S
C N D S K N R X C J V E I V Y T P L C R
E N D M G Z L G N I S A E L P F C Z W I
R U I K B N A A R S C R W W M W O L L A
I Q T W F R I P A Q H K I T G C W S S L
D C I O K C C K W E P H G C B W T T R O
T N O I Q E R H E E S A E R C N I O E X
W V N U N C T U T E P U R E R I M P C R
W B L O X O O R G T S J V X Q P O O I M
I G R K H U E Q B H O A J U T T B P F Y
U H P N A E S R E G A R D I N G C J F N
T X M H S J U G H P P N H M D I Z A O N
```

```
R I N X J T N J C E J F J Y L C F W L S
T U T E C J M M C B X V I D F V O S P T
F R K A D O U T V Y B F R E R L Z C S R
L O U Q C D P P Y M Y A P O L B U D I A
Y Y K Q G E U Q X F W G P E S L P L B I
L G Q B C B I S C R E H F P H E Q Z V G
F W O C Z H X G E V A L L E Y S T Z H H
S N A X U W U T F Y A D F R T S B Q E T
M Y F U R I F H O E Z F E X S P O H M T
H C Y M L A R D O V W H F S M N D H P B
E M V T O R U N T M T Y E L U E I C J J
J G Y C F T E A J R N R U X I A E S C Z
E S N J C Q T D U G I L D J P C S S D S
A Y R A S U A F J S J B R P P V T R E L
O S W I O E L P E H M V E U C I K E G E
W B B H L G O D T Q I A S Q G G T V D S
P W S Z R U S M U H R K E E P S F T U S
M Q W W I O E I M E A O R D B A V M J E
J L F J O D D D D X J X R D E L R Q Y V
H B V K M F Z Z B M S O U G H T M N V H
```

```
M I B C S R W N F I S P P R B Z U P W A
U L G E Z Z X T Z Q S F E V W P V Z D A
L U E J W K A U Y F R A Q H H K L N S E
J T A R Z M E H Y L L U F E R A C H M N
H G M U Z G O S S I L A U T I R I P S O
Q M Z B I T M U Z T S S L X S D W I O I
C E M L T L F E V H B O Y C B E F I C T
R V F P W F O W G N L R S H T B Y O N C
O L S W E E Q L X E P I U V E A V A U U
S M X R E E I M D T S Z K C U E M B M R
S J I S U R H T X T D B O N R B R Z X T
E N Y T S A H T Z I N M Z I O S O P F S
G M M Y C V M T T M E Y N H K N F H Q N
A M G W F U A W R S I G N P R W N D N I
S E C R O F J Z L O R G S M G B S E O X
V X I L M H E B D O F Q M P S L T S R V
R U P B Z D S A R D E L E V A R T A L V
L O Y B M V T F O U D H T R Z A J E K I
C X O Z R A Y M E Z I N G O C E R L W G
C L Q M O H L Z L T N P R M K D G P I P
```

57

```
U S G X Z U N S L T V Y R D D S Y N N H
R B B F K I Z Q T U Q Z P E E M R R Q H
Z O R N R E T T I B Z Q D N I U K D R C
T R E V E O S O H W I C P O D Y J M Q A
X Y V R J O I N E D E H A M R W X M K P
E V E A T I N G M Z K L D M F U V D F T
Y A R E J H W Y X W F D L U I V C B L U
C D O G O P L J X L L E O S N F I Z E R
K E F W O R V N W I D P P H A D G G E E
W L K Q A D O F O Q X A E P L D P I A D
S F Y E V R P Z I Y M R G J L X A A G G
Z L S M T N F V I E U T U L Y I U D I S
C D N H P X T F G V B I E L U U D Y M N
U E O S O Z J K D V M S O L R F Z L N W
E V I F C X Z D P A W X B H J F G X T A
A R T U E H F J P B P K J H I H V N V E
H E C I M F L G O A G R P D U Q D O S S
T S A C J D F O I D V J J A Q I I W T Z
W B P U D G V G N A D L C V I E D M F A
Z O A X U W K S T M Z F G D X D R K S A
```

58

```
O G N I V A E L L R E D N O W J Z K T W
V N K R K X D Z O S E B U I F R N U R R
W J V E H P W C U L T H O U G H T S I P
P V V P S S Z N Y X E G T H N K W M A E
J S G O A R I G T F E U N Y K J W A P R
H K J R V W U N Y E J N R I O O C S E T
Q K Y T C I E O U P M T I C T K G V J K
W B M E Q W R L C P T P S V I S E C C M
B D M D X B M S R P M Q V I A E W H J
L U A D O C I M I J S G S F L D M R S X
Z Q E T W D F E J M N H S E V V E X R W
U V F N Y V D H X I Y T D N G P K O E M
O I B T X P M E V S O Q N D R L T E D C
C S P A H K A O Y P N H J E S X C O L T
B I V V G S L O P X E E I R U R V E E X
L T D V P D I E K S A S J E Q D C E Q Q
A X Q U L E D N P L G U R H R W N A Y V
K M C Y R S F O N L M H K T G L R J A Q
X Y L T S E N R A E U O U A C L F V K C
T N G E U A L B F L D L T F A K U P W G
```

59

```
W H M A J T N O J O M B P X U C U M W F
B T O Y A H O Q Q V S K V S H I L B D E
A I X T S K I V T V L E K P X A X M U Z
B W Q U A W G D R Z Q U N A B L E D X M
G X O V T X E H E R J B X O M A V K Z D
S O K L L Z R A J C E M R R V U J I I C
I W K Y O Q V K S O I P A T R Y Y Y C R
G D E G N A H C O E A S S T P I A G V
I W G G A Q L R K X Q U I N Q E L O P Y
F H G N Q A N C V T Z T T O U R P J M T
J M N I R P Q D K P K V E O N I G O I R
G G I L V T S O Y E F I L L F S G L N X
N I R L V E O M I R Q P V E U H P C D Y
I W E A T B C U J F I F H T G Z B W S U
T S W C R I L Q I U K H V O N J G U P B
T Z S Q O I A V J M F K M N I I S C X R
U Q N L P R N M X E Z D N T W S W N Q
C V A T P N S D E L I F E D I J X T L D
A E U U U R K Y S Z E M B J R C H S H W
E J Y W S B M F W T B D V V W U S T R U
```

60

```
M X L N Z P T H R O W E D M V N S U Q P
O A C G D E L L I F L U F G W D E V R R
F S I H H S O V Z V R L T S C V U K E I
T G B C M O F F E R I N G D E Y B E E C
R X E Q X K C A F G B V R U G Z R N E
G B C F J V Z H G T F D L Y Y K K I V I
C T I X E Q C R H B C A T F C X I M L T
A N O J I R R T O I S E T C X V A U R I
Z O H X G L L U F T L H S K W R D O G D
L X C U K A N D I R W A U T R A P I F L
Z Q G K E D E N F P A T D I R E L X C G
X O J H J R G A L L Z E E K R G N W U Y
R K F N U T I D L D K D N F G Q O G C Z
C K H O V R K E E W Y E B U R F I Y Z F
N R P R O X A F U Z S Q M Q B L T Y N I
J N O I T S E U Q S E L U F E R A C Q W
S S Y U Y F B W S O K I L U A O L Q J R
H A R M N D D X D E N E P O X E B O W Z
J H Q A F P Z L P H R Y X B S I O S I H
T V T P K X V U E A L Y I M X X K Q D Q
```

```
J A C S S R H W N I U R Y M O N T H L C
L P E R J P E A S S E G O N G Y D D V T
U F Y E Y A O I X N D H Z Z A O X M B L
O T X T N S Y K G W W C R M C L S A I M
A N M A D S D K G N V O P E W L P P H Q
S E D H F I U R N H E H B M M S E B M
S M H U K N E I P R I D G S L P T U P U
E Y L K J G O H V C E F F E C T Z U T Q
M A O D N J Y U R G Q C X Z Q R D H W Y
B P L L W A T C H I N G R K K R A P I M
L A P T U O G F E H I W Y K Y H K Z C E
E X S Q L G L Q K U Q D N U X A H I M W
D Z P L K S I D E S F K L K C R B D J I
N H A X P I D W Q H Q Z X X U V N D Y I
C J Y L V F J P Y H T S O L C E X N T I
A D R O H O Z H A R O A D R R S H A I J
Z A X S U A A A A F I C P L D T C B G A
N I S T W V H A X R Q X P D M M I S F X
D W N P W F M P A B U N D A N T R U W P
I J R G W Z J Z J Z M H H H H H T H R D
```

```
X N A S H O W E D M P T U A S B I C T F
I N C E N S E G N X J B Z F T J U C G E
M O Q E G C Y W N U N J A R O V J A B M
U W B K C Y G S Q I D K R O J S M R A A
U R O Q U A Q H K C S S E G A M I S S L
K X F R I U K V R T K D A C C N X Y Q E
G M C N D Q I Z Y I M R R Z I P P N C W
K I D O B K D M Z P J Z E Q Y R W N N
L D G E Y U Z I S M L F R Y R Z A O J J
I O J N T A W G X Q U E L O S E C R L U
P H E T I N L Y W Y H M M U Y T H C D
T U Y H H W A S A W Z E Y S O A I T O S
B F Z N E U O W Z X M R G F I X C B M E
Y T U M T T K N B B E N I F R G E X M R
Q M T T I C Q M K E R L H K O J N X U C
Y O I T U W W V J U S N M R L H Q N D
F J M D V R J L F H C I M O G J M M I M
C A M U Z G E J F H E F D Q U M M M T X
R M O X I A E A A L H A J E I C S W Y U
R S C F P Y W W P L X B R C S P M Q O B
```

F E C O D A M V D N E S K F P H **R** W M M
H G R R D I V G S W X M E I A A **E** A D N
P Q **Y** A K C V U M Z S X E G T B **M** S M A
E U R E Z **P** **E** **R** **S** **O** **N** **S** W G N G **R** T K A
V D **U** S D M F S D B U O P D **T** K **O** E H Z
L Z **F** H I **B** **E** **N** **E** **A** **T** **H** J **R** T Y **F** W K X
E X B O G M B P C A W O **O** I N L H K S B
W A L L D E Q O C A M **H** Q Y B P W W A P
T H Q L **R** **U** **O** **P** H Z **S** H **P** **S** **E** **V** **I** **W** J W
T Y L V M **S** **T** **A** **R** **T** **E** **D** E Q X U X A **D** B
R D C R K D **T** **E** **M** Z **R** H O X M F **E** E O B
Y N M H U A T I **F** E L F P M **W** H K C U
I G X R **N** V C K **O** F P V G D **O** E D F H T
N W B S **I** J W **R** J J **S** Q U L M **G** **A** **T** **E** **S**
G K O Y **A** N M S B I X **W** L R N C **L** I D W
N H W J **T** T S U F H D **A** **O** L K Z D **I** M Z
O U I F **P** N B **Q** **U** **I** **E** **T** J **N** L V D U **N** C
H J M C **A** R T T L Y Y N W N **K** N G M B **E**
G P C H **C** E I S F E R Q C **C** **I** **L** **B** **U** **P** J
E **D** **I** **H** H P Y L Q Q H G H W H H W P W i H

63

64

Q D E **G** **N** **I** **N** **E** **V** **E** T M D J B G T Q X B
L U B N X W J Z C E Z M S S **F** H O K X W
G R X P I X Y N K **N** D P O D P **E** X A Q W
H F N F X P R A M **G** **D** P X G F **K** **W** U C V
B C J G R Z W **S** Z I G **E** M Q V **C** M C D S
K D A V H **R** P I I E H V **T** J Y **O** N D A V
C Z T S **I** E X Z L R Q N K **C** T **R** D J T N
F Y U **S** A O M A D O S P M **A** G K U K Y
V L **I** K W A **N** G H **F** L **S** **E** **C** **A** **F** Y I C C
X **N** S F **O** O O T L K J F X E G C Y W T Z
G I K R I Q J S **H** **E** **N** **D** **U** **R** **E** U T C R C
I B Y **N** E K **D** R J N S D J M L U E U I **D**
S I **T** O C E **E** **M** **A** **T** **T** **E** **R** **S** E O Y **R** R E
Z E W V B Y **T** F **E** **D** **I** **V** **I** **S** **I** **O** **N** U X **R**
D F S Z H G **U** X **X** E K J N T T S P N D **I**
P W E **L** K C **O** I **I** X J Y N A **O** K V N Y **S**
B I Y B **E** G H Y **L** F E F K X **E** I M I J **E**
M J O R T **E** S B **E** F M J **E** M D **N** W N D D
X O O R D V **P** B Q F V **N** N N Q B Z J **G** D Z
T X V W S **E** **S** **I** **W** **R** **E** **H** **T** **O** Z C N W Y Z

139

Y U C Y V H I F W K O S E I R C U O C L
G Z O N C H Z R I J I U Z D G J Z Y Y F
S D R A W R E T F A L K A F L X J A G S
V S C J M V U C I D U H W I L A H H V K
N Q C I O O C G E N M A T P Z B T N N N
I C A M K J R H L I S T E N E D N O A A
Y M B E Y G T J L I F E P E A G C Z T H
Q O Q X P O S F H C U G F C T H R P M T
H B W J L U G W T D J D Y N D O O G C M
O G Q C S F W D Q O Z E Z E G O N Q A T
L W P T E Y U S E W E R D D I T O P P E
T U A N N L O D D H G D B I C T S R T D
S F D W U R S K M Y U E C F A L K I I I
D E L Q T O A I Q O U D R N W Q N S V B
D W H M T Q L L O U U R C O S Y I O I A
C K G G K I R R U T O O E C L J L N T K
Q S Q Y T Q C X F H Z C D P A A Q E Y S
P F A A I V C O Z B E E E Y R F M R B A
X A R W T I X W E R G R W U G C W S W W
I Y M R C E B O A I W J G L E H S S W U

T O N S M K B H E U J R A T Q S S P E O
I X R T N A L Z C P K N I W L O V I N G
C E U H Q S E C A E N F A E G Q N K O D
O F D R U L I N G J E T A D V A E A U E
X B C A M Q N W G T L P C L Z V R K Y L
K D W N X V Y G T V O E S Q V M C Y H I
D P L D C J T P D M U L B J E X A J H V
E N O E G K W I Q C P D Q D Q B K Z U E
I W U K X K I T B Y N Y E B S G B F R R
F T R U E S T Y G P N I D R P J U J J A
I M S V M Z T K N O D E H C E P N F W N
R E E F P B U S I N E S S T J T T K F C
R T L K T G H R V N O M M O C Y T N X E
E F V V Y N R M A B D E W O B J R A K V
T S E I Z E D O S H P W E C K A P B C K
I X S Z P U H K U M H U T Y E D V K I S
K T Q Z T V K V X P L Q W L F D C H M Z
G L D V G Z M X O A U M H D E K R A M F
C I G B D U O E V P D T T A T R P G H Z
Q C B G D A F K Y T S R E N G I E R O F

67

```
L V A L S C E D N X U Y A T A U G H T G
I X B Z P T F Q I W L U D S F S J C Q C
E F V V Z L A J M N C S Z U X F A S S Y
O J C S V S N G D C F J S N G U E M E
T C E J B O Y N D N U R M Z V L R I U E
E U R X I W I P P S P F E M W V V M S E
J D Z X Z S P K Q B B Z T A I O D Z I G
H L R G U B I L C T W E V N S K M P C K
D A J D E V O L E B B R G I C E T R D R
E N U I Z S X G D J X L O M F K D Z N V
T Z C O N S U M E A K P R U J S Y I L L
E S E C U R E Y W N U T T E G D U E T J
L X S J N U F M T R H P Q N H S L J A
P B O W C N T R T T E O L G C T T S W L
M Z O N H S R E X N W X B P A H K K H O
O Y H M A E T X S E G C N B X C J X E U
C U C J N H S P F E J O L F O Q Q H Z D
V L V R G C Y B O P Q I M L J Z L R E P
T O K L E E Q Y E U S A F D Y Y H T P N
F G N I Y R R A C H W G F E J W W L W A
```

68

```
I H E J Y B M P P G K E N W W A A O N B
K E T K L A W U R E S T O R E V Y Y T A
J I I H X G J F K C P G V C U M S N B X
O X S C A S H A K I N G N A K I A E M Z
T T O A C A F M G K L A C A H G I Y W F
W A P S T K O L M C R G L L L N X N H Z
H M P S B X M A J A O R K I G I Y P E C
O G O S A P A S E U Q G B S A R P C R T
M A V M S H C P W G G R A V E P D S E S
E X T Z R E P H S H I A K E C S T C W N
Z D L E X A P D S T O G M R N R D R I I
Z K T K R T E A D I I H Z E Q V O T A
V P R S I G V C R C F S G T I L G L H T
S O Y G N Z P U Q A P P E A R C M L O P
R J K O Y C Q D M U T A A J E L P T K A
R M L C E A S E C S B E Q C P E A C W C
A E G W J P F I X E P Y Y Y X X R Z F X J
B J U S S A E S P S O Z L F E D S G W M
H U H P O Y I U O H Z N B H U O Z O I C
Z R P H K Y H N B M F M H Y Q F I Q W N
```

```
L E W E C A S S V G W G S T R O N G D C
V T G M R I F J A Z B E W D O B H W O Y
K Z F A F F X A W V I S X A G G C Y U
W I G Z B U J N R M K I N T O O C H D I
H E D I V O R P I F S T A T U T E S L V
A C P P O U X B D O K O S Q M U R V D X
T N C T I W F Y J B J I I U G X E C T A
S T D Y P G Z N E C E S S A R Y I L U Z
O S L N J W N O V K I D I X L Y K D J S
E D L L G K M I X X K C Q M H A P U V D J
V D C C A U F O R O Z Z D N E I R F E U
E R N G P C H T M E P L A N S U W Y C D
R E T A F O A M K S T N B F A C V C I G
G A N X L I A A E K B N U W S H C M D M
F W O C M N M M W G K L E G R D D F E E
K J K E D C A E U B X N F U L U D K D N
Q E A E Y N H D M Ł Z C L H Y W Z E F T
E N R O P D S C O B K E K U N E Z Z U S
K G W H R I S E N B D H I D O P D Z R E
T E F X T G N J D Z X K Y C W D G U D B
```

```
J R Q U K C Y R Q I P N Q O X S E G A K
D H Q B R X G E N E R A T I O N S M W O
E E D M W L R M X Z E P L J J D I C D F
M S R Q E B C A E E O C R C Y J L C B V
I C G A F Q G I Y H T G N E L L O J W M
A D N N E D L N T N A N M E R M U F H Y
L Z Y T I F I I Q Q X D M B Q Z O L F B
C L Y N F D F N M Y B E B G A R M E N T
O A Y K Z E I G D P J V B K M G J P U M
R V Q T E C B T L G W I M I P C S R V U
P I C D K W G E W U Y R U H I L U O Q G
E T A G G N N T Y E D H C J I O P A U
J S L S N J Z Q I U N V L D G F R E G R
D E A U Y C B V O R C E N G A T E R A K
Z F M O P H S Q O O A E Y I G I M H D X
Q Z I I K R M T M V S E X K D N U W S U
E U T C O E R T L D M V B E A G N X T D
D L Y E A C T X E M L O C M N J E A M P
P G L R Y G D E N E K R A E H E W X U
G O T P T K W L T Z Z Q J H Q S Q X Q J
```

71

```
X  I  S  S  E  L  H  T  R  O  W  B  A  Z  J  R  S  L  M  D
W  G  J  P  V  G  T  E  N  N  W  F  R  X  L  R  T  Q  V  E
C  L  E  C  R  N  W  K  O  H  J  S  E  A  G  L  N  H  S  T
B  V  I  X  R  E  W  A  E  U  T  N  D  Z  S  S  E  F  C  E
E  U  G  N  O  T  T  R  U  Z  I  W  V  T  R  S  D  R  V  S
C  Z  Z  I  H  H  E  S  Y  V  N  T  R  B  M  E  I  N  X  T
S  C  H  E  K  V  N  X  I  O  I  S  Z  E  G  H  S  P  S  A
I  L  V  J  E  Q  D  R  I  N  K  I  N  G  K  M  E  V  K  B
P  P  A  R  G  E  T  S  Q  N  I  Z  B  Q  P  V  R  A  Y  L
P  D  X  X  B  F  U  C  H  O  W  M  U  B  G  W  C  S  V  E
L  E  R  U  E  K  N  W  A  R  D  N  R  Q  R  V  L  K  O  Y
S  B  H  E  S  Z  F  L  X  B  B  A  I  Z  O  A  X  K  K  U
Y  F  B  S  L  I  Y  Q  K  U  K  G  E  H  U  B  D  T  Q  J
K  L  A  K  J  E  E  A  R  B  N  G  D  G  W  N  T  P  A  A
E  G  N  I  T  S  U  G  S  I  D  W  H  R  E  X  I  A  M  E
I  J  L  T  Z  A  C  T  I  N  G  T  B  R  I  C  O  G  C  A
M  Q  X  J  U  W  S  O  F  M  E  A  A  T  Z  U  L  R  B  U
Z  J  G  Z  Q  Y  Z  H  S  R  G  W  D  F  L  N  T  A  Q  V
X  Q  G  L  U  R  K  A  E  C  A  Y  F  I  H  I  O  S  Z  F
D  S  A  C  C  O  R  D  A  N  C  E  N  W  X  H  U  S  W  E
```

72

```
S  L  D  B  Y  M  Q  K  P  M  V  L  J  R  J  L  W  P  V  O
V  X  T  O  T  R  N  A  S  W  A  I  S  C  S  L  Y  N  D  P
Y  O  O  B  H  P  Y  N  M  W  T  H  B  Q  N  A  K  E  E  P
J  D  E  F  E  A  T  E  D  S  M  Q  X  D  S  Y  I  I  M  R
R  W  R  N  K  U  E  Y  I  Q  O  C  U  E  Z  E  Z  G  A  E
O  P  R  A  T  Z  X  N  Q  S  E  E  S  L  Q  O  U  H  H  S
P  Y  T  I  N  N  O  C  E  N  T  F  C  T  T  Q  W  B  S  S
G  P  O  I  T  I  P  M  B  F  T  M  X  T  C  R  N  O  A  E
P  V  S  E  R  H  W  S  B  Q  M  G  O  E  D  E  R  R  J  D
L  A  H  I  C  E  I  R  U  D  L  T  P  S  L  T  K  H  H  T
E  Q  L  W  L  E  G  C  G  Y  K  N  Q  A  E  B  J  T  J  S
H  S  Q  M  B  E  I  N  K  D  J  X  O  E  A  F  N  K  E  Z
H  T  O  A  R  H  N  P  A  Y  G  X  W  L  C  W  A  N  T  S
B  O  E  X  H  D  D  T  N  D  S  S  O  C  N  V  F  J  X
C  O  L  S  K  N  B  S  F  I  Z  V  L  A  L  Z  H  C  F  V
B  T  R  P  I  K  T  H  L  D  E  T  L  A  X  E  L  M  A  H
K  D  B  I  R  R  Y  G  J  L  F  J  Q  M  I  A  C  E  A  L
T  S  L  P  B  O  K  G  C  K  I  B  G  D  N  C  I  N  R  X
Y  O  J  E  E  D  U  Y  Q  U  K  H  E  R  U  F  L  Q  S  I
P  R  O  F  I  T  I  D  Z  F  V  B  A  L  U  E  R  K  N  R
```

```
T  Y  G  A  E  S  A  E  L  E  R  Q  Y  I  O  I  O  Q  X  X
A  V  K  D  M  Q  L  B  C  O  N  D  U  C  T  N  V  F  N  V
A  S  L  I  R  P  J  M  K  E  N  Y  N  G  N  A  R  Z  A  Q
S  R  T  U  S  T  M  Z  N  W  R  R  R  I  O  X  H  T  J  B
A  M  H  P  U  O  V  E  U  K  L  A  I  D  A  T  Y  A  E  K
B  D  G  K  M  W  H  C  T  B  N  M  H  E  T  V  Z  Z  S  T
B  M  U  E  Y  Q  T  I  W  T  M  Y  P  C  G  Q  J  J  F  R
A  A  N  Z  X  V  E  O  E  L  P  U  A  R  F  W  Y  F  I  E
T  T  B  Z  S  X  T  D  B  I  Q  T  X  O  B  Q  X  C  W  P
H  E  L  R  B  A  I  D  F  V  A  F  X  F  G  H  G  D  N
D  L  D  T  O  J  M  R  Z  E  U  N  U  X  M  E  U  A  I  K
D  W  E  N  C  N  S  J  T  S  Z  R  N  T  S  T  C  J  Y  X
R  H  C  E  S  V  Z  X  T  K  C  G  O  H  X  P  F  E  P
O  K  I  R  F  V  V  E  X  O  H  S  E  Z  U  Y  F  S  A  O
C  K  S  E  E  R  O  T  S  C  D  G  D  Z  M  N  D  X  V  T
E  T  I  F  G  V  M  F  T  K  O  O  Q  W  E  J  C  W  K  X
R  M  O  F  P  S  A  M  R  A  W  M  F  R  E  L  V  E  C  E
K  W  N  I  G  R  V  P  T  S  D  Z  V  J  S  L  L  F  D  K
T  Z  S  D  Z  O  A  S  S  B  P  R  O  V  I  D  E  D  A  V
Y  R  M  T  X  S  V  M  N  T  T  S  T  I  R  I  P  S  S  K
```

```
V  Y  M  J  Y  V  S  P  T  F  S  E  P  V  I  S  I  O  N  I
W  T  P  J  T  L  I  I  N  Q  H  G  S  L  X  H  B  P  Q  A
I  G  L  F  U  F  K  T  A  I  R  T  F  S  K  G  A  O  A  N
O  E  U  X  D  Y  H  Q  L  B  I  C  S  P  H  F  R  R  F  X
N  L  N  W  D  P  M  M  P  B  G  J  Z  L  L  E  E  N  J  P
P  Z  D  I  P  M  R  B  U  A  N  G  F  A  J  N  G  L  N  E
L  G  E  U  L  F  U  C  O  Q  M  B  A  E  I  W  G  I  E  V
F  V  R  B  A  U  S  A  F  T  N  C  C  G  T  A  A  J  D  I
S  G  H  T  K  A  K  M  P  O  X  T  P  C  D  G  O  V  P  T
S  F  Z  E  E  R  C  E  D  N  E  N  R  W  Q  G  V  W  O  P
E  I  X  P  A  O  E  X  L  D  K  A  A  U  D  N  H  V  B  A
R  S  S  H  R  L  P  T  R  E  A  T  C  D  Q  I  L  R  V  C
E  T  I  T  X  O  E  P  Y  A  H  S  T  T  Q  G  W  Z  Q  M  P
H  R  C  T  E  C  V  D  T  F  I  W  I  Q  N  O  C  B  Q  F
W  A  X  Q  B  R  I  E  U  A  Q  F  C  S  I  L  J  U  L  Q
Y  N  Z  Q  L  R  S  D  J  B  N  M  E  J  V  F  C  E  D  E
R  G  R  L  X  B  T  Q  X  W  A  Q  S  N  O  J  S  C  V  A
E  E  F  M  A  V  L  C  O  J  A  H  P  S  M  R  Z  R  F  N
V  R  J  I  F  A  H  L  H  Q  Q  A  T  I  E  B  B  Q  X  L
E  G  K  W  H  G  B  E  Y  E  V  X  W  H  R  P  D  F  O  B
```

```
D Q L B F F I E F W T H G I E W V T U C
C B X Y L O L B B G A W D R Y Z Q I Y J
Q R N M V G N O V M U Q N M M S K L E W
P F G I N H E R I T H K J N I K S M Q W
U R O Y G A W E D M N N J N Z C R T P E
A J E R Z S Y Z E E R N N X N T P F L J
I S P Q T G V X U V P E I A N G Y G L A
E G N F K Y E J B H R I L A X Q V C D Y
H N G U T Y S V Y S D I H S R F G D L U
S I R L T T S O N R M I P S J H G S D G
N K I S L W E D W S O E H W R Y Q X O S
O N M P H I L L A F F B Y K A O F G N Y
I I Q L O D F R R F S O F E F D W S H L
T H R X R H L L D N R R L M U E X G S N
A T G Q S W F S U D D B T R X T T C P M
L L H V E X K I V F I B B T X L A A O E
O S R E S C U E D S C X I P J P T X R L
S Q U C B L L V S H Q E A F M L U Q C O
E B H Z J J L O F K D H B T S D N I K S
D V S H Q E P E B D M E N V T Y X C S B
```

```
R E S T E D H C W H V O R F H S Y M C X
X E W G N G R I V A S T Z A N A S O R K
L P P T L O O U M G H B W H R G M W W T
R O R E Y D I W O S W A B Z P F O E F Z
S L V O G C K T P V I H U S O M Y X B J
W U P F T U H Y C S A K N R Y P R N G Z
M T I A T E F D F I W F T I I O O X E X
E S A S O P C E R Z L U B H T A T R F R
D P W A Y A K T R I A F P U O A C N A W
E O B T L H S I V Y V Y F Z I X I K I G
S I L I L Z N N M I T E Y A H N V I T B
C L Y S E R W R L M Y E N V R H I D H J
E L Z F D B U D G N I H C A E R P W F N
N Y Y I N H P O R P M Y B I N G U Q U X
D Y L E A T J D V I P P B G I R D E L R
A B F D B V Z P M E A Q W M C W D L N W
N J E I T L N A W C D H N V H D E W E H
T V T X F A E J T W J Q I I T X U E S R
E R M L M T K E X E C U T E D Z E M S E
E V L I E T Y A I T B Z A C Y Z R M F Z
```

77

```
O F P X M H Y S A S P I H S W O L L E F
N A U T E Q M S A F L X S Y C D X B F X
R B E L I E V E D V M T N H A D T J D P
Z T S U A L R D E U I D L X L H C K A V
W J E Q G L E Z N Z S O H I G F T C F E
N H M O Z U Q C R L C N R U J H E Z M U
D O Y K Z P U F A M V B O D S M U R K L
E J B F F F I N E S G A J D O O V Z I S
D K G E P V R R L X R K E P T E U V W V
N G K F Y J E E J A G D D R S X E L Z C
E T D P L E D A L E D R E A T T J E S M
C C C L U N D L G A W D X Y H L R E V H
S U U J J A F I Y S B E Q E C Y L I A D
E P R D W C U Z W T S S D R W P L S H Y
D M D C I H S E T D S I X S P L K O T B
H M D N W S D D A G L A M X D I M D X J
I G G N H I T W Y U X R M Z U E R A E T
C P Y W R V A A L O I P S G S L H B W G
R U J U D G E S N W T R E A T E D A U A
G P Q T H G I D W T D J C Y T L F E O V
```

78

```
H T K N S W S J J H E G N I G N O L E B
E P U N X D M E Z I B I P S S S I Z A U
J L A R O D Q T G Q J D O W Z Z K P I O
K N W X Q W V B M A P N S K I Y F Y H T
V T B R Z B E O D D L E I G O P A V A T
N N O O V M U T G O B L Q H N V I B K T
W E P K O A B Y H O F C I C E I L G X S
F M C B Z L U G R R Q N U V S E V U T W
V U F F G R H E P R S E F R R J N I E N
O R I J S T H Y X L Z O C K F D O G R Z
A T G N I N R U O M U P J N D G X O O D
V S Z N B K M R D G Z E J H E O F S C T
P N W A P X A J H Q E L B M U H U P H R
A I H Y J R N T B D H T U J V K T E H A
V F I N L I K S U B J E C T I T Z L Q V
Q N T V M R I Z P C Z E K C O Y F E A E
D C H B F I N Y F V P A G B O S O H W L
P L E N E U D K E V Y X E J M S R J W S
Y S R K C V O M N F T Y G R C O G A N N
Q J M N J Q A X A S W O L L O F O D W E
```

```
L D D R E A R S J M F F A T S J M P M Z
O E E H F E U Y N A N Y T Y H J K V S D
K D T M H S B N W I R P R T U N E G I U
I C S D I K M R R U K Y A J N X N G U
B G U F J A H Y W A M R Y R L S R G N X
O B R A S O L F U X Z R W S A V O G S O
R S T O Z N U C E P P E R S O N A L S S
E Q S P U F O P X R X P J I B Y E W Z G
R S B E F I E I R E J U E A B X E Z R O
S E W S P O S S T O K R B H X A W M J T
F S G E R L B E C A S F B U R D E N H W
Y A T U U A A W T A L P A X N E E D S N
I K N E L P L N E T P E E W Z C X F Y N
Y R D S S A U L T K L E R R C S U U U X
L J D O W T T R I E L E D H I Z G M S T
X U S Z T E I I S P D S Z Z A T B Z W Z
S E A M A R R F O U Y Q I A W E Y S U W
D N O X Z F T E Y N E C Z S R L T J N K
B S Q V N T N Y T V S M G S U Y P T X M
K R E N I O Y I Z H Z W L V Q U M V A N
```

```
S R E D N A M M O C A P R T E R A T Y S
Q R E T T U K T G L F E V Q X D P G P H
M L R C S O Y R G K M R Z J Y R P D W O
D N E W F R V O A P N F D H U A O E H L
I N K H C D E Y A R P O A J L G I D T I
A V V P U R U D O Z H R S D N E N N V N
U B B F N C X A R R E M L S H W T A Q E
X H A E X A M P L E O E J T R N Z M E S
G O F Q V N B K U G L D O F O F L E H S
M W V Q B I H S A C Z I C F S H H D T P
Z N O G N I D L O H Y I G F C J Z R E I
U B S R R A Q O K M C S M I O D Q E U W
F Z Q Y T M U J D W C D F A O B W L J P
R P K O T H E N N M W E E K K U Y R W X
L J N G H Y H W M F R H A R O S E K Y
W K A Q Q K H F V H W M X Z L L S K I T D
P R Y U O D I K B B R A Y Z S T F E T M
G R C O N S T A N T L Y L X Z C F W T Z
V Z X E Y A C W P L O R D I N A N C E S
O W A I N Q U I R E S I R C S P L C X P
```

```
X F F F F Z Q A F E E L N R P S H E M J
B D W E L L E T H R Y L E E R F Y K V X
K N B W Q X C O O Y F S M C E Z A U K G
T J H J O N K N B E C O M I N G R F C E
W Z D T Y I K E G J A I P G O R T B C U
S I R V B S C M T F H B L J U V S P P R
L H X Q C G N E B Y L Q Z N M N A Q Q D
Q L W G Z J S N F T A V B O K O E N U E
L G U U R X M T L L M K I I M E X C S G
O H U X A V Z R L D Q A Q S T U R N S R
R E N G I E R O F H E P U E B T Q T E A
H N P L D Q Y E Y B Y R H G E M D P V H
U R Z B E R E S T O R E D Y F Y U B O C
S D D O C S G F S T R E N G T H O A L I
L O O F I Z N J C A A U S W L D L N Z C
P Z K C T X I D E T S I L D Z J C D T Z
T G G N O H T V Q W V H Q U I E X S C L
H H I X N L T O W D O I W V K C P W Z C
K N U O T S E A R C H I N G W L D V O D
J F K H Q R S L H A F E D C Y O W Q H M
```

```
M E Y L L A U T C A Q E B S D E D S H L
Q C P O E Y I M N K B H K F J F I G G U
D F U L W N K T N U L P H D D D H N S Y
P V P M L N J F O T R O J G E K A I A Y
J P F S W I E I O A S A M U V Q A Y D G
G U L M V A D R H H S D O A O W B A W N
F I Q K R Z N S Z V T M D H T O D S U I
U Q S I B B E G A M I T E P E E E O V T
C I N Q O A C X X Z E I T E D Q M L Q U
N G M H E P S U L D H Z W X S P R H P O
V I G P D W C E O C Z P G O P A O F G H
Z M N T O B P R G R P B Y T R U F A S
F B I Z P R N X V A H H D I Y K L J P P
C S R R L H T X I B L G J A C X E X B C
O F E E E X M A B T U X P U N Q R R X P
N L D A A I F O N I S E L B U O R T S N
C Q N X S U E V D T R P Z S T L Q C T K
D G A J A A L N E W U D A X G Z L Y W F
Z X W X N S L J O S R R S F Y G P W N C
A P O I T D E P M A C D R C B T E A N H
```

83

```
G U I H O W Q D O P I N I O N C U G E G
P Y T V J C N B E S N I J T N G T N Y P
D P Z C W L V D B R S K G S K K E I J V
R B T I W A N E A T A D N A H L L C H L
Z P W G Y I A B G R V J I E R U P I B Q
X J I I Z M E W X O M J H L N P O O E R
X M X Z F I B X L W Y C V K W E J L L D
R D E R E V O C S I D R U L H J P E I D
P J L Q P A Q A X R P O O M C B L R E U
L A I B V N P L E H B T M A O L G V T
U E K S J X N H B M I H Y K O R Z D E K
Y F T B E H C D D E W G L B R N Z Q R X
E Q V T P I E J M Q I T B P E I J S E
Z Y P H E W Z V A B T E N O E U I Q T D
R L F K E R L E Q E A N E R R O B L V L
G J Y H L H K M R W T G D P P X Z I N
M W S I M O Y U G X Q J I E V R L Z T N
P Q B K H D O O L L U B L R T D V B R A
M U L T I P L I E D B P I S Y L I R E V
G Z K Z F E O V X C U K D C R P V O M J
```

84

```
Z L A N G U A G E B Q Q L D I B F U X F
X K L O C E C Y L Z T B C E A M P J G C
P C N D E S I L N Z F D O T P J J I O L
C Z Z H E F T M E R N C E P I U W U H U
I T N F G D N S P A R P R E Y F R Y W S
X Y S H Q O H E T H M R H Q C X T B T I Y
T Y Q C A X M E I U E L M C Y B G I W B
O H D A O S E X C J I M Y A R R W R I E
X A Y E E E T E D O G X R M G U P U C Y
J S H R Z L A X C D R D H V D E Y C Y H
B S V S U T T L E M V P S B V I T E S C
O W C F I P S D M A R S M O H N Q S T A
W L E R X U N U R P S G K U A Q C F R O
V Q S G I U G I G E C J Z G O D Y B E R
X M R X O P O N V Z E D O G I Z Z E N P
U X Z R S U T I A S V R E Y A A N G G P
U F R Y S G T U Z O R X V T C G E I T A
P U P U T P V G R A U E N C A F R N H T
S Q V K A D R F O E D Q B X E H A B E B
F X O C C W K W U C S W X N D G P Y N P
```

```
N D F L R G A C S E C C C I I D J R Z F
W E H A D S J T F E R M G V R M S C X D
Z D B Q U F O Y U M F Y Q A U Q R U V O
P I I T I R G D L U P Z F L M E N R E P
V V P M Y U E C B T Y H T E A Q A M U Y
V I F Z P F M W W X I E T Z N D W D U
B D Z U M C V S H W P E U R U E K S K F
P G Z A V J P M F L C R S J I Z A U A C
D G C X D S K S Y S E T F F O A H D Q L
R N U L D E Z H T S N I I O D Y N Q V U
E L H T B D S O H E L T O E N I F T Y F
R B H H Y E R T V Y R H N M K J J U O K
W T Y E T M N E R O Q R O N K D Z Y L R
H P Y H U F E E F O A V A X A Y C L T V
O T D M A L M R F W Y M B O U F J L J O
Y B E I E N J U X I U I R O N I Y A E S
P K I R B J L R F H T B N O L E Y G E B
O R W S A M F A C I N G U G E R O E M P
A M F D Z E J U D V M I J B S C F T Y U
A T R T K D H J B B U K Y T S E W O O E
```

```
K J E V M X O X M I N J A T O B P Y G Y
K T A C D X F Z U A B F E I A R S P I A
G S R T Y C U T T G N R O W S G V F G S
I Z E C S S A U V M H L A W O U N D E D
D N D D G P R K E G N A D V I C E C K L
N N N A U E T M T R E M B L E X O C N O
O Q I R Y J B K Z Z P J P G Y N W H K H
I F A E M E J K F N W K K W T X L A L E
L L M W R C G Z G Y U P O R W Q I R C S
L E E S J G E Z E U D O A R B L M I D U
E K R E U R M K A M J R B J X O I O Y O
B P B A A T K E A A Y U B E R J T T Z H
E M R L S J E H X T F G B U Z B R S Z D
R D K H I K J O B V R U A G M D L C J E
S H W U U P N M F N J E N W R X O S Z R
P I B L D R E H P P H I V E I U Y S K U
Z H S U R X R F Z J N E S O N H R M N S
O I N P V X D O N I W S H T V Z P G A
K S Z P I T E I H U E A J S T E P S A E
T A V S Y X A S P D W B H P T I B N H M
```

87

```
Z H D U Y N A L K J I J Q D E T A E R C
E L W M E Z M N I C O L S I K J A M M A
E X K A V H S H H K Z F B Y P Q K B H P
X X S F B N E O I U C F S P I L X T L E
A G D O L O S N W H E O I V B T J E Y T
C A E L I E N P H L G R F L O T A A Q A
T S A L N W J J V T X L G D T S S T W Z R
L V Y O D E S E E S L I I E A A U E X B
Y G G W R S E Q Y K P V R S F B O S B E
Y G N E F T T M I O N E E S E M X O A L
E D I R H B S F T O K N C E L C G M S E
D Q N S Z K A R R L C E T J Y J D E E C
A M E E T D V Y S S H S E D L O E O D V
F K T V U H O A W K E S D D N U D T L J
Q W S E O L G E F G B T F L R K N G J A
K H I N C P R I T A E J O U R N E Y E D
L W L T V M Z B R H I G Z Z H C T M S V
K F C H Y K T Z S B L S G X B R X P K N
X R C Q C V A A M M H K G G L L E U I T
Z Q S L R E G U L A R L Z O R V T H A I
```

88

```
K R Q H A L Y D L D G T R P D V L F U C
M M Y H T G U Z L Y S G V A B T W T V W
A A S G N I T I R W U E F E F N Y N P Y
H J X C X Z F D S H D M T S E J L E E Y
B B J C C B R A K Y U E B E U L J G T F
P A E L O I I O N M Z M S N F X Y A I E
R I V Z I D K R R I A O L I L U W R R P
V N T B T O N B M L P I G W G M F U W M
B Q N G X L M A N P A P L I A N J O R I
K A G G Q O O P U C L K X E V K S C U R
Q E W O U O F S S K C R S Y Q W T J A A
Q M N R T Q P H Q M T R B M Q D E T C L
L V N B O A S T E D S H E I G H T S W L
P X P X U H J Q B D E H S A W P K T R E
V F D H V V Z R E B E L L E D Q Q W E S
G I X K U B O W A T C H E D N C N X H A
A M G W R N X P A J R Z H B V W X C P
T R K R K Y T Y K T U E H C K M G T A I
C G Z F V X F F S M F T G R E N Y P E Y
S U X Z W D X J E N S D V U L A N X T M
```

```
O D N C K W N M K O T Z M G F R R I Y G
F D P N S E N O B T R J F N H H C U O T
S Q I G S R I J J W G P E D O Q T O R S
V Q E G N A V V V U O Q W K W P X Z G H
F I A G O L B R E A T H J E O T Y W E M
T M W C I J Y Q R V X X N V M X X U L
W I F J T L V A N N O U N C E O S S N A
I W C T C W S U O I L L E B E R R R Q N
V L O V E S B T B E H A V I O R X D T G
H O N O R E D Y O R H C Z N T L W N U E
Z A H H I T P P F I A R M H P V E J T L
O O P J D J F L C Y R A G S Q N D I Z S
M M G K G Y K U F J A A E B A N M R P L
E A V N J J L X C E A H H M H I K D W J
M L A I M N R E G P C G R C N T V G Q Q
U J I I U Q K P R N Q E A I T J O D C P
D P P O G P U U A E P U S R I D Z L H I
N O C H S S S R P O M T L G D D T O C W
S C Z G P E B O B D R F I C E E G A U V
N Z X W B H R R G Y O P W C U W N B R W
```

```
I M O W E Q S X A L I E N I S W B T Y P
E Y A S V H X J F G H Y P N K Q U X Q R
W J Z N W G L Q T N P H R U I N E D B O
L S R S C O X K F N P U N I S H E D R S
F K O O P E L K B X E Z B M H A U D E P
U K T F O I S B B D P D T H S Q N H A E
Z K C F S U T T B K F P I E N E W E K R
R U E X T G T O R H P C F F E C W L I P
T M R T H P C C J A B T M P N H H P N O
S T I P G Q N W H Y L A E Q Q O M E G F
X N D A I X O Y E J L X D B Y C D K C
R V C S R F R Z Z L N E K H T A O T R V
P B G T P N C X Q J R R H I F Z B U O
E F E U P N R F Z O E G C R V B R I G U
S P O R S M L C L P S C K C X X V Y T G
F T E V F H A P S P G O O D N E S S C
G V N J F A L U L R K I U F D H P D Z E
D Q Y I I S E N D S Z J H I Y T X P V W
J U I N A K W M I Y L T E R C E S I T A
U Y S S A S M C O N C E R N E D C H H D
```

91

```
D  J  L  K  O  D  T  C  E  J  E  R  Y  U  P  N  J  N  U  C
E  W  Z  E  Z  G  N  Z  S  D  W  O  R  C  O  F  P  V  U
I  O  Y  A  A  N  M  S  Z  F  X  Z  T  F  E  D  P  A  U  R
F  T  M  H  E  R  P  K  K  L  D  S  N  G  E  N  M  P  R  V
I  K  S  L  S  A  S  A  U  O  A  L  S  K  E  A  D  W  S  M
T  Z  F  W  H  Y  U  K  F  Z  M  B  L  A  I  B  K  W  K  B
C  G  S  R  E  I  G  F  C  T  I  A  O  R  D  A  O  R  A  G
N  W  E  M  F  M  D  H  U  S  T  N  Y  R  O  R  N  S  M  D
A  P  I  O  O  E  C  I  G  E  O  L  J  J  E  O  J  C  V  E
S  W  L  J  B  E  G  H  C  I  P  Y  K  W  S  G  R  V  L  D
R  W  O  N  D  E  R  S  T  E  G  R  Y  A  F  O  A  E  M  D
M  X  R  V  U  X  U  A  E  L  N  J  E  M  S  N  Y  J  I  P
J  P  D  Q  X  H  L  D  R  V  I  S  N  S  B  C  R  E  K  N
V  P  E  Y  O  E  P  B  T  F  R  T  E  H  K  P  U  P  E  C
P  H  M  H  R  H  N  R  H  F  E  D  U  E  E  W  R  M  C  E
F  Q  R  V  N  R  E  N  I  W  H  R  K  J  F  A  D  I  J  G
K  S  O  F  V  R  D  A  T  R  T  A  V  H  I  N  Y  I  W  V
M  H  F  O  W  E  L  A  H  G  A  Y  S  S  O  N  S  J  D  I
J  Z  N  H  W  K  O  S  E  P  G  A  E  B  M  W  J  W  X  L
N  O  I  J  Q  A  G  J  R  O  G  S  E  D  F  F  B  C  M  V
```

92

```
T  H  O  R  O  U  G  H  L  Y  W  H  R  C  U  E  P  O  Z  K
A  O  G  Q  O  X  S  X  P  J  F  T  U  D  A  F  C  H  B  K
Y  F  Z  U  I  O  I  U  R  V  V  Q  Z  H  A  P  P  E  N  S
U  P  P  U  R  E  S  E  L  D  Y  F  Q  H  K  S  F  Y  R  I
L  M  J  T  E  Q  L  E  J  W  A  X  X  Y  G  F  Z  K  I  S
O  J  E  R  G  Y  Y  S  K  G  P  R  O  P  H  E  S  Y  O  H
X  N  T  U  N  A  B  W  T  I  T  E  F  A  G  U  I  D  E  E
G  W  Z  E  I  C  S  T  N  A  L  E  H  O  V  Y  K  I  K  X
Z  U  E  S  K  C  M  Y  S  E  T  A  Y  V  A  L  I  A  N  T
O  N  F  L  C  E  U  E  U  T  K  E  T  A  E  H  W  M  S  W
A  F  F  L  A  P  T  A  B  D  X  A  S  L  C  T  E  S  O  L
E  A  B  D  T  T  W  H  J  Z  E  T  S  M  W  S  T  K  P  H
J  I  U  F  T  A  N  I  X  L  W  L  T  R  G  O  P  K  R  M
L  L  Z  A  B  Y  Z  Y  I  C  K  L  H  O  Q  M  A  S  O
P  I  O  C  N  L  A  Z  K  N  B  D  K  U  E  F  E  S  C  F
T  N  P  B  E  E  E  E  F  E  T  K  X  N  P  I  C  Z  L  E
I  G  L  W  I  E  L  J  P  N  C  X  Z  Y  G  Q  R  W  K  B
Q  A  X  C  M  R  E  H  T  O  M  C  X  E  U  R  K  S  O  Q
M  Z  H  B  S  F  Q  G  P  D  B  K  A  R  G  A  T  Q  D  B
P  R  E  V  I  O  U  S  L  Y  B  Q  P  O  U  N  A  B  P  X
```

93

```
J B W J D E C I T O N E W S O O L S V E
U M N M N L U F I C R E M W C A G S B T
I A D M H F X W K X C H G Q D N O N Z D
L V U I R D P Q U B B J P E O D O F F C
R Z Z K G G N O R I F G H S M I O T H F
W J M N E H A F U X F C T E T R A I S S
A P M U C D B A O R R M D A G S D R A D
B W G R A P M I B A T I D I V K V I W A
J N W D F G X L M K H N V R O Q E S T E
W L Q U R W J E O B U E E C Y M R G W L
E P L Q U H M D E O K D Q N B A S N E A
V D F V S Y S D F Z L J M M F A A I S W
J P E P I X Y T P O T D B G Y Z R S V H
H E N T Z A W H U C G N C U B S Y S U P
G L Z U T V B E L M G V L C F B R E I T
Q M Y C I O D A G E B A Q S N R L U N
S U U P A J L T N D L L B X I F J B D J
N B U E V X G L G N O E E V M U V E M T
K B L E O H V C A W S X G Y Q H E O W Z
D E U S W V G F O O S T W H Z Y U Q T M
```

93

94

94

```
L M D W X E R M Q Z E B E L I E V I N G
B F O M K S H M D C D N V Y S P F W I Q
Z I J E W L D I H N D O F Q F L C X M Q
R S M D G L K H A O H N O L X E A W G E
E O N P B A F I T K D D A T Q A L X S O
K K I A E F C C J K N E N D S D L L V B
Z U D U Y I L S H O R E B V C R S W E E
J H L V S P K H P E Y O J A B J E R T N
Q W Y U U Z X S C R U L L K L F X O D Q T
N A M P H Z E E G N X A H G D M H N N F
T S S H K R S N D K O E U B Y B T S M U
K T J V M E I A N X X S M K N Y B F A E D
K E I Z L D R R Y I J C A L O A S D C R
V D L F N Y H X P Q C R Y M T S B X N N
P O U U W E Z T P M E T N O C A T F U S
X A O C A Y X X J Y C X K B F R E Y Y W
W S W R F T N T D E M E E S A O J B D H
N X C A X M K I E P H U Q T J E I S C F
Y S J V I K O L B N J Y S X Y Q T T O Y
B V Q A F F E E M M D P M J A U G A M C
```

95

```
D E D I C A T E D N Z J J Z Q T O Q V R
G P H Y S I C A L G K D S C G G G Z F Q
G S A Y W S B J F N G R E E P L C Q Q T
I B L P O J M K J I T B V S R J C B W I
Y A H L O T X P U R Y P M R E F K V G K
S X D L S S B G I D T L F V R J F I Z
Y S F D R T T G F S J U Z X Z H T F M R
R I R W G D R L Q E J F R Y K S O E U L
B E M M G S R E E D B A B G Y I Z O D E
F U G X N F V E S R L S H I D I U E T
S Y A G I Y V Q V T Y L R J Y V G B S S
E K B H N L N S O H S E U R A K I O V N
R O R V A D Y C H R Q T O H F D H C Z O
U B M Y E U O K O U R H E Y G G X V J I
S Q J G M O J D I L Q B D B H N J J H S
A W S Q C L O R J S Z G Q Z K B K G M I
E K M U O X E U A D V E R S A R I E S V
R L D I S T A N C E V V F W N Q S T X I
T B E G O T S J J N N A N C E S T O R D
R E N O S I R P J R V Q I Y C C C K Y Z
```

96

```
E F C O O E P K P Z A H L C X Q F Z C E
D J F I G Y B L S O T S E L O T A T L T
A G O P P E C H R T Q X T D C G H F B U
C S R Q P S R Z S M E X U N F J C G C H
B Q T K C P C M P K N A D Z W U P M I T
V D R N W E L A F E V N D J O C S T Y E
X E E G E C U J Z P Z S F F B P R R F K
T Z S N C I C U X V E G Z S J P E U T M
C A S P N A E I J T O U C H E D C D K Y
F M A B A L B L T Z P R M F C G I E I Y
X A Z H T L L E O U L E F T T Q F N E S
S S E L S Y T V R H D V I E S X F F B K
D Y W F B H M S L R O E N C A P O Y Y S
J Q C S U C H O H J O A D N O L B G S E
Q D W X S J A G M O L L S E C D E E D S
K B N C V J E T M Y F W W T V D M D R I
V B Z R F Q R B J Y L Z C N W A R M B M
M S V V F V G R M L I O D E T I A W E O
E C R U O S T N I V P F N S J L E L K R
F Q V F Q Q G Q T V H Z I O B R M O M P
```

```
I E N N N O J B R V J Y T Q M R N B M C
S N U S T A N D E T H I S A B W W A J I
D K A D B C O Q O Y Z D H T L G G V T R
V V S Y S Y H Z U N A M D N O B V X P H
J S C J P V R C K W A L V M P V S L M E
A Y L A I Z N V Y P Z S J M S L D U E M
S V N E R T D T M K A V S W T Q C O B S
F T R Y I R N S Q U A R E Z N P I Y O M
G N I L T E I K P U E A M A A M Y N B J
A S Z K I T U A I E R J C P L A O A P N
I B E C O M E N G U M T R G P R X K M E
N R N S E L A B W E I C J E J V Q J W D
E A N I O T O D C O S S S H N H D L O Q
D I P F W P C C N J B H S D Q D N T T W
R I B E P S R I M Q C E I E U K E I H U
B H A K S A B U Y I M P E I S O D R R C
U R L E C S R R P F X H O T Z S L I O X
Y Q V R J E S T Z E I E H Z I Z A C N L
U W E C W I N I Y F Z R D U I S J P E K
P W O V M P I O E E G D W C S H P Y S R
```

```
T R E A S U R E O A S U D I O E R E L C
D X D A O W U U K D E D N E T N I U U E
V K J D A V I A P G C K D I P L E D G E
V I L M Q S X T E W G C U L S X Q U K S
E U O X S S M U H C I Q W R R N G Y N R
H M A U Z R L T P J G U X K E G M O X A
E D E E G R E B U K E R B P G L I Y G E
I D H H A R T E E S E Z Z A N T A O H H
R C M U A L D J T G R N U K A V E T C V
N J Q E R E A U A S G Q H T R Q J Z E W
V N B S S Q C I G T U E U D T M A G Y D
K M Z P O Y V L C O M P D T S F D G N W
D I I Y M L A F M I E D K L L K N B N Y
E S A B C E N Q N R F U S O O I A V G M
E L I Y M M I S O W E F W W V E O S X A
Q K F M N A T R T M I R O I Y C P A Y F
T T A A K N Y R I I J F E Q S A H I Y E
T Q F M B W B D L F U C B I R C Z F X C
Q Z U F W Z V A W X E R N E P J B B T W
Q S V M A H O K F R H S F H A E D G N M
```

```
L M G Z P A E T V Z G T P R T N E P S G
U E M X U X K C E U A N X B U A U Y V T
O T V D W X V A I O O A F T V K D F S H
A V P J U P D D G H E O B P D I Y K K G
L J P E O Z E T N K C K C X S T C G T I
C K G M L D C S S D D O Q A E I H G Q S
D T H K O S S Y P A J K P P B L N N C N
R J C A H S R S V E P W W F G V I E I
L W G C T W A T Y N E N P E C L Y D S B
N J X U B Y O F I A X T D S B G Q I D M
M W O G I N K L R P R E C T S U E H E K
M M F N I W P E G U H S G Z R Y H U E R
C U G S H I B T D W E L L S H V O G C E
P C H U C J D C B E E T G B I Y X K C V
K E J S S R Y A K K I C J N X X S A U O
D E I J N K K R W X S E H V L M N Q S S
Q D M N Z N J K R N B I N K P V R T I S
Y N B F K Y R A U A Z V V G D R O V E A
X T P G M C K O F K M G Z Y H D H T A P
Z N A Q T F V P C Q D I U V V N G G D I
```

100

```
Y F N M G E F I L O E E U L A N R E T E
P G J O C V L S U C W U Q U O Z Q Z P J
Y X K B C W K P E R I S H R L Y O X Q Q
P N O Y J U U Y H A Q Z X F L L T S S S
D L E J T H H L I R E V E O H W L L H Q
N Q H J I S D K K I W O L V D I E A Y S
A L O N U I O R S Q B Y G N O V G D H X
Q T I C F D L N K K L U R F A G N P I S
Z H X I N I E T Q N K X T G X B V D R R
F E V G E N Q K O M G O D T O Y W M O D
C D T Z O K X C F G P E L M D K M S T P
L A D M F G L T F F Q L S E X Z I S O I
W G G I J W R D B E L I E V E S A S B E
F I J H C V K R W N B S I H C P E R J T
K A S Z M N E V A H S S C I Z X E R K
W D L W S H T W H R K L G O Y N N D L A
D E D N V E D L R O W J A C T X B O U F
J V N O O N U J E H I M H H V U I T O L
O O L O X S O C I Y A O A L J W T R U E
R L Z B G S M T S L Y T T M N M E E S A
```

Made in the USA
Las Vegas, NV
26 September 2024

95804155R00090